彩圖精緻本

媽祖的故事

黃晨淳　編著

好讀出版

媽 祖 的 故 事

Index

目　錄

在眾神中，媽祖是一個極特殊的神祇。她原是一位樸素的人間女子，短短的二十八年生命歷程中，只知道默默行善，捨己耘人。然而，她那種視別人苦難如自己苦難的無私精神，感動了世世代代在驚濤駭浪中討生活的人，他們視她如親，奉她如神，儼然是觸手可及——活生生的觀音菩薩！於是，許許多多莊嚴而富傳奇性的神話，也就附麗在她的孝心和義行中了。人們從不懷疑那些歌頌式的傳說，因為她已用一生偉大的行誼，做了最真實的詮釋。自宋朝初年到現代，從湄洲嶼到大半個地球，這位從鄰家女孩成為海上守護神的敕封天后，影響力真是無遠弗屆。

從每年春天、數十萬人參與的「大甲媽祖遶境進香」，各地舉辦的「媽祖文化節」，到無數海內外學人宏觀又精闢的不斷探討「媽祖信仰」，再再讓我們明瞭，媽祖的恩澤已廣披信眾，她那寬宏的情懷，博大的愛心，無私、無畏、忘我、奉獻的精神，正是當今社會你我所崇尚的；她那慈悲、濟世、利民的品德，更是我們民族的優良傳統。所以，我們決定編撰一本完整精緻的媽祖故事，來對這位最具親和力的神明表示敬意！

每一尊「佛」和「神」的前身，都是一個偉大的「人」，他們影響後世的是那光耀四方、崇高無比的人格力量，所以編寫媽祖故事的核心，是塑造好媽祖這個人物形象。然而，要把這麼一個深入民間信仰，偉大、崇高到「神」化了的形象躍然紙上，感召世人，顯然是一個深具意義卻十分艱鉅的任務。我能有幸執筆書寫，心裡著實感到激動和不安；「激動」無疑來源於對媽祖的敬仰和對出版這類大器書籍的嚮往，「不安」則來自題材的高難度及自身能力的不足。

慶幸有好讀的優秀編輯夥伴，在她們全力的支持、協助與鼓勵下，我虔誠地發願全力投入。而媽祖，也亦步亦趨，一路觀照著我。每有困惑疑難之時，定有各界賢達適時出現，他們願意與我分享人生的起伏經歷，讓我知道自己並不孤單；他們慷慨地指導、提供資料圖片，不吝給我鼓勵打氣，讓我順利地完稿……他們每一位都讓我在這煩躁和憂懼的世界裡感到溫暖，替我點了一盞盞相信人性的燭光。因此，我誠心相信「媽祖神蹟」的存在——因為，我在許多媽祖信者身上看到了慈悲的精神力量，她讓我學會如何認真有情地觀看世界！

如今《媽祖的故事》即將付梓，於我，唯餘「感恩」二字：媽祖的庇佑、各界賢達俊彥的鼓舞解難，以及雙親家人始終未曾停歇的包容與扶持，如此因緣俱足，才有此書的誕生！容我將無盡的感念永放在心，並祝願

媽祖賜福於每個仰賴她的人！

黃晨淳於二○○五年五月一日媽祖聖誕日

媽祖的故事

感謝名單

（按首字筆劃排列）

單位	特別感謝
台中大甲鎮瀾宮	台中大甲鎮瀾宮副董事長 鄭銘坤先生
台中萬和宮	台中萬和宮總幹事 張俊鎮先生
台北民族舞團	台北松山慈祐宮總務 林麗華女士
台北松山慈祐宮	台南正統鹿耳門聖母廟總幹事 蔡明泉先生
台南市文化中心	台灣草蓆纖維畫原創畫家 湯富淳先生
台南正統鹿耳門聖母廟	台灣鄉土文化研究所研究員 楊永智先生
台南鹿耳門天后宮	里易昇科技有限公司經理 黃政義先生
台灣媽祖聯誼會	金雕名師 柯建華先生
里易昇科技有限公司	香港朝天宮主席 余子堅先生
金暢企業有限公司	雲林北港朝天宮文化組長 紀仁智先生
香港朝天宮	楊英風藝術教育基金會董事長 寬謙法師
國立國光劇團	蒐藏家：施學松先生 高枝明先生、高振興先生
雲林北港朝天宮	陳天福先生 林新雄先生、李國隆先生
楊英風藝術教育基金會	澳門媽祖文化村天后宮管理委員會副主任 梁文星女士
嘉義新港奉天宮	澳門中華媽祖基金會行政主任 關婉雯女士
彰化鹿港新祖宮	藝術家 林智信先生
彰化鹿港興安宮	攝影師 劉信宏先生
澳門中華媽祖基金會	
澳門天后宮	
澳門媽祖文化村	

媽 祖 生 平 傳 奇

　　相傳媽祖爲宋代福建興化莆田縣人，出生至滿月皆不哭，因而取名爲林默。林默自幼聰慧過人，又具善心，且常祭神拜佛。十三歲時，經道人授法，從此悉心研究，心神領會一切經典奧義，不但治病活人，且能預知禍福，鄰里莫不驚爲神人。默娘二十八歲那年重陽，於湄峰羽化升天，鄉民乃建祠祀之。此後，媽祖一如海上明燈，成爲航海人心中最尊崇的守護神。

第一章

神女的降世

宋太祖建隆元年（公元960年）至宋太宗雍熙四年（公元987年），林默在其一生短短的二十八年中，圍繞著湄洲海域，留下聖跡無數。

象牙送子觀音
雕塑 明代

根據《法華經・觀世音菩薩普門品》所載，觀音有三十三身，有的典故不明，有的則影響廣泛。如送子觀音是由白衣大士演變而來的民間信仰，一般也稱為南海觀音。

圖為象牙雕成的送子觀音像，觀音的眼睛彷彿散放著悲憫的光芒，好像一位慈祥的母親。

天后誕降

五代十國時代，是中國歷史上政治最混亂的一段時間，自後梁至後周，雖然只有短短的五十三年歷史，但其間換了五個朝代，十三個皇帝。

處亂世，不但民不聊生，就是作官的也都朝不保夕，因此很多沒有政治野心，一心只想忠君愛國而不可得的達官貴人，便紛紛藉機離開只知爭權奪利的朝廷，回到自己的家鄉，一則以苟全性命於亂世；一則盡己之力來造福鄉黨。

話說世居福建莆田湄洲島的書宦子弟林維慤，本來列朝後漢（公元926-945年），官居都巡檢，眼見宦海濁浪滔滔，便解甲還鄉，從事地方建設。林公繼承先人遺志，全力修心積德、樂善好施，只要是有利於地方上的事情，無不盡心盡力去做。莆田鄉民十分愛戴他，因此稱他為「林善人」。

四十多歲的林公與夫人王氏雖然已育有一男五女，但總是擔憂一子單薄，難續香火。為此夫人特地在家裡的廳堂裡，供奉了一尊觀世音菩薩的神像，每天早晚按時焚香祝天，祈求觀世音菩薩再賜給他們一個兒子，以

在有關媽祖的傳說和信仰中,有許多佛教的因素,首先表現在媽祖的出生傳說上。佛教徒認為,觀音菩薩是分管南海的。根據這一點,再加上媽祖生前海上顯聖靈驗,航海者就想像出媽祖是觀音的托生,因而出現其母齋戒禮佛於觀音大士,夢中授丸藥,服後即孕,生下媽祖之說。

其次,由於觀世音的神職是聞聲救苦救難,而且不管任何角落,只要她一聽到信徒遇難發出呼救,都能及時前往拯救,具有慈航菩薩——海上救苦救難的菩薩之稱。而媽祖生前死後許多威靈顯赫的神奇傳說,與觀世音的神職毫無兩樣,因此許多人把媽祖視為觀世音的化身。

為傳後,光宗耀祖。

有天夜裡,王氏在酣睡中,彷彿彩雲滿天,觀世音菩薩腳踏蓮花款款而至。她手托仙盤,慈祥地說:「你家世代積德行善,當得慈濟之報!」說完授予王氏一朵優缽曇花、一粒丸藥,便飄忽而去。

王氏自夢中驚醒,將此事告訴丈夫,林公大喜,認為這一定是觀世音菩薩悲憫他們平時樂善好施,將再賜麟兒的夢兆。

果然,過了幾個月,王氏真的懷孕了,林家上下無不歡天喜地,準備迎接即將降臨的「慈濟之子」。

宋太祖建隆元年(公元960年)三月二十三日,天已向晚,王氏腹中震動,即將分娩。這時,村裡鄉親們共見一顆流星自西北天空拖著閃閃紅光飛來,直射林維愨宅院,把天空和地面照耀得一片紫色。同時一聲亮響,海灣四周山丘礁石紛紛崩解,陣陣異香彌漫不散。鄰里們疑惑不解,

美神阿芙蘿黛緹（Aphrodite）較為人熟知的是她的羅馬名字維納斯。她是所有女神中最美的一個，也是被藝術家描寫鏤刻的最多的一位。羅馬人把維納斯奉之為「愛神」，並稱她為民族之母，因為他們堅信：羅馬城是她的嫡裔建立的。

據古希臘傳說，她是誕生於海中。《維納斯的誕生》就是描寫從前地中海中，忽然間出現了一個美麗的女神，微風之神將她吹送到塞浦路斯島去。她的姿態嬌美，令人迷醉。當她飄動時，水波、花朵、樹葉跟著飄舞，好像大地在她一轉動間，喚醒復活了。天性野逸的趣味，把藝術採在在詩文的涵蘊裡。

同樣是大海中的女兒，西方的維納斯是支配愛欲的情感之神，而東方的媽祖則是施愛無限的母性之神。

紛紛趕到林家探看。就在這時，維愨的第六個女兒誕生了。

林維愨夫婦原本祈盼再添一男丁，對觀世音菩薩賜給他們的女嬰有點失望。但因這最小的女兒出世時，天地共現奇跡，加上觀音託夢已有預告，他們相信此女應非等閒之輩，夫婦倆對小女兒疼愛有加。

令人奇異的是，這小女嬰從出世到滿月，一直沒有出聲、沒有啼哭，而且也不怕生，只要有人接近，就會對著人微微一笑，於是父母便將她命名為「默」，呼之為「默娘」。

身上總是散發著一股蓮花清香的默娘，從小不愛說話，才一歲，王氏抱著她經過廳堂，默娘居然會合什雙掌，對著

媽祖為什麼叫「媽祖」？

媽祖，在歷史上確有其人。她是北宋初年誕生於福建莆田的林氏女，僅在人間渡過二十八個春秋。雖然她有自己的名字「林默」，但因為她的慈悲，和英勇救人的故事，所以人們稱她為聖姑，信徒們給她的尊敬就好比法國的聖女貞德。

經過一千多年後，信徒不再稱呼她為聖姑，而是親切地暱稱她為「媽祖」、「媽祖婆」。這主要是因為，過去朝廷封她為夫人、天妃、聖妃、天后，但是在民間就不這麼嚴肅，而喜歡以娘娘、娘媽來暱稱，這樣久而久之就演變為媽祖——「媽」是母親之意，「祖」則代表祖先，人們視她為母親的祖母、祖母的曾祖母、曾祖母的祖先。她是世界上少有的被直接稱呼為「祖母」的神明。

觀世音菩薩的神像膜拜，似乎和觀世音菩薩之間有著因緣。

　　默娘慧靈天授，常能過目不忘，而且領悟力超乎常人。林公在這個么女朝夕承歡之際，就不斷教她讀書識字。五歲就會誦唸《觀音經》，到了七歲，她已讀完《論語》、《孟子》、《左傳》。父親知道默娘是上駟之材，刻意要好好培育她，因此在她八歲時，就送她到一所私塾讀書。老師講的文章，她都能夠很快地領會貫通。十歲始，她禮佛讀經，無不悉解所學典籍之義；到了十二歲時，經史子集均已讀完。

基督的誕生
吉蘭達約 油畫 15世紀

　　相傳基督誕生在兩千年前，當時聖母瑪利亞處女受孕，聖種來自天主；那一年，羅馬皇帝奧古斯都下令進行人口普查，瑪利亞不得不趕回伯利恆；12月25日夜，瑪利亞在早已住滿人的客店的馬廄裡，生下了基督耶穌；與此同時，一顆明亮的新星出現在天空，隊隊天使從天而降。

佛陀的誕生

　　傳說佛陀乘白象由兜率天降下人間，自摩耶夫人右脅出生。出生後站立地上先環視四方，然後東西南北各走七步，步步生蓮花，一手指天，一手指地，大聲宣告：「天上天下，惟我獨尊！此身最後，永無再生！」其聲如獅吼，響徹寰宇。

第二章

林默娘的傳奇軼聞

少女默娘的慈悲心
國立國光劇團提供

為歌頌媽祖「人溺己溺」的慈悲心，並期待「媽祖精神」能對社會大眾起震聾發聵之效，國立國光劇團推出新編大型神話京劇《媽祖》，公演期間，佳評如潮，獲得廣大觀眾的迴響。

圖為少女林默娘祈求觀世音菩薩顯靈搭救落水之人。少女默娘由國際名伶魏海敏小姐飾演。

窺井得符

時光荏苒，轉眼間林默成長為一位美麗的少女（公元975年），不但聰慧過人，而且端莊嫻淑。她的心地十分善良，很愛幫助別人；每當漁船靠岸，都會看見她往返穿梭，幫著抬魚、送水。大家都親切地叫她默娘。

有一次，幾艘漁船出海不久，天上風雲突變，一陣狂風巨浪，把漁船打成了碎片。可憐數十條性命，就這樣成了海底的冤魂！幸好有幾塊寫有湄洲標記的船舵，漂流到島邊的沙灘上。受難的家屬靠著這幾片船舵，才認出是自家的船出事了，哭得肝腸寸斷。

道教神符
楊永智提供

「符」，本是巫教驅鬼的一種手段，是一種以畫驅鬼模仿巫術的一種形式。道教認為符是天上神的文字，筆畫屈曲，似篆字形狀，道家稱為「雲篆」、「丹書」、「符字」、「墨篆」等。在古典神話中，有「天遣玄女，下授黃帝兵信神符，制伏蚩尤」的傳說；東漢張陵、張角領導的農民起義亦用符。道教從巫教中吸取了符籙，用以驅邪鎮鬼，祈福禳災，其形式甚多。如水符是畫符籙或燒符籙於水中，飲之可治病；還有一些符製成後，或揣入懷中，或貼於牆上，各有各的神通，均有護身、治病和防邪的作用。

圖為清代鹿港天后宮使用的神符、清代彰化南瑤宮虎爺所使用的神符。

　　默娘看著這情景，心裡十分難過。她暗暗對天發誓：自己若能制服風浪，救護漁民鄉親，情願減壽三十年。

　　從此以後，她便每天站在海邊，望著雲天聚精會神地觀察天象。一天、兩天，一月、兩月，就這樣度過了好幾個春秋。有一天，正是風雨大作的時候，默娘一個人獨自站在海邊，雨水濕透了她的衣裳、海風吹亂了她的頭髮，但是，她仍然一動也不動地望著海天……

受符井
台中大甲鎮瀾宮提供

傳說一千多年前，金甲神人手捧銅符，自此井湧出。媽祖受符後法力日漸玄通。

這時，普陀山的觀音菩薩慧眼微開，知道默娘有求點度，便喚來善財秘授玄機。善財領了觀音的法旨，化作一個老道士，來到默娘的身邊問道：

「妳是何處的少女？爲何獨自站在這裡，任由風吹雨打呢？」

「我在察看天時、風浪，想要保護鄉親們出海能平安無恙，只是……」

「好個菩薩心腸！」道長稱讚道，並從懷中掏出一本古書，遞給默娘：「這本書爲《玄微秘法》，只要妳依法修持，總會得到妙法的。」

默娘接過這本書，敬慎地一一翻閱瀏覽，發現《玄微秘法》一書中所記載的，全都是有關星相天文、醫藥卜筮、修身練氣的知識，尤其是天文氣象的相關內容，更是巨細靡遺，讓她入迷不已。

於是默娘開始潛心勤練《玄微秘法》所記載的玄術，不管刮風下雨，還是烈日當空，都專心一志地修持。善財爲扶助默娘，也不時的前來看顧她。

爲了考驗默娘，他有時變作一個英俊少年，走近默娘身邊嬉戲，但默娘卻是頭不抬舉、目不斜視；有時又化作猛獸蛇蠍，張牙舞爪，默娘依然心神安定、細心研讀。就這樣，默娘終於盡悉書中奧秘，從此以後，她對海上氣候的變化都能未卜先知。每逢風暴來臨之前，她便預先昭示島上的鄉親，使大家避免了許多可能發生的海難。

有一天，默娘和五個姊姊出遊，途中經過一口水井，正當女孩們對井照粧時，突然一股水柱衝天，井裡冒出滾滾的湧泉。姊姊們被這突來的變化驚嚇得

神的指示

菲利普 油畫 1674 年

傳說上帝曾召摩西上西奈山，在那裡，耶和華親手把刻有十條誠命的法版交給人類。這件歷史上獨一無二的事蹟，不但助益了猶太人的精神及物質生活，使他們形成一個特殊的民族，以便承受日後幾千年間的炎涼世態，同時又影響西方文化至深，直接間接地左右了世界的文化與文明。

「十誡」是猶太教的核心教義，也是基督圖徒最根本的行為準則，內容如下：

「獨尊耶和華為上帝，不可敬拜別的神靈。」
「不可為自己雕刻偶像……」
「不可妄稱耶和華你們神的名……」
「當紀念安息日，守為聖日……」
「當孝敬父母……」
「不可殺人。」
「不可姦淫。」
「不可偷盜。」
「不可作假見證，陷害人。」
「不可貪戀人的房屋，有不可貪戀他的一切所有……」

摩西渡紅海

布隆齊諾 壁畫 佛羅倫斯
埃萊奧拉教祭壇畫 1540年

倉皇走避，唯有默娘怡然不懼，鎮定地走到井邊，窺看井裡到底發生了何事？

只見井中冉冉出來一個金甲神人，恭敬地將一對銅符捧給默娘後，隨即騰空飛昇而去。

默娘得到這對銅符，卻完全不知它有何用處？

某日晚上，她又捧著銅符苦思不解，就在此時，玄通道士翩然出現，悉數傳授她使用銅符的方法。

原來那對銅符是天上的仙器，可以用來凌空飛行、駕

出埃及是以色列民族史上宏偉壯觀的一幕，不僅對猶太民族影響深遠，而且成為激勵後世弱國裏民求翻身求解放的社會神話。

在希臘和印度史詩中，英雄大都帶有神性，如阿基里斯（Achilles）是神人婚配之子，羅摩（Rama）是大神毗濕奴的化身，他們皆有遠勝於凡人的強健體魄和高超武藝，有時還具有驚人的智慧。

但帶領族人出埃及的摩西則與神靈無緣，他的父母只是普通人，連名字都未曾留下；他本人缺乏對百姓的感召力，甚至不善言談，拙口笨舌。如此一個凡夫俗子，怎能被塑造成驚天動地的民族英雄呢？

古猶太作家於是讓至高的上帝，一再授予摩西施展神奇的權能。其中就包括授予一根神杖，摩西以這杖「行神蹟」給同胞看，並以神杖使海水分道，帶領族人渡紅海，完成歷代猶太人詠頌不絕的偉大奇蹟。

得道的另一傳說

相傳默娘小時候常在街上玩，有一次在街上遇見了一個老乞丐，負母討乞，可憐之極。默娘心善給老乞丐一些銀子，老乞丐則給了默娘一個小木人，囑咐她遇到危難時，用煙薰木人之背，便有解救之法。後來默娘母親病了，她以煙薰木人背，木人身上出現「尋南山玄通道士」。於是默娘隻身前去南山，遇一似道士之石像，跪拜禱求，道士感念她的心誠，便由石塊變成真人與她相見，並贈以靈丹妙藥。默娘回家後，救了母親，以後又從道士處學以星相天文，醫術之法，於是法力無邊。

在道教的說法裡，凡是神仙所居住的地方，皆有得道的童男童女來侍候他們。媽祖身旁配祀的侍女即「祝香侍女」（左圖）、「持花侍女」（右圖），她們的職責主要是替媽祖捧香爐與持花瓶。

祝香侍女和持花侍女的神像多是清瘦秀麗，煥發一股清香的氣質。這種雕塑手法可以從敦煌壁畫、盛唐時期壁畫的表現法發現媽祖與其侍女神像所受到的影響。盛唐時，吳道子等名家輩出，人民豐衣足食，個個豐姿綽約，明眸皓齒，嫵媚可掬。無可諱言，中國的人物畫自唐而後，都只能沿襲這種作風，很少刻意寫實性地表現女性的喜怒哀樂。台灣媽祖神像雕塑的藝匠很多從閩粵而來，受到這種影響自然不足為怪。

馭風雨雷電諸神，不僅可以藉此呼風喚雨，駕雲渡海，同時也可以用來降服妖魔鬼怪，解除民間危厄。

經過玄通道士的教導，默娘很快從這對銅符上，學到了許多神通，其中要以「元神出竅」的神通最有用，默娘常常使用「元神出竅」的方法，從家中趕往海上救人。

然而，時常「元神出竅」搭救漁民與過往船隻的默娘，最後卻救不了自己的兄長，這是媽祖事蹟裡最讓人感傷的遺憾。

伏機救父

默娘十六歲這年九月，一天，她的父親和兄長渡海北上。可是，海邊的天，說變則變，剛才還是陽光普照，萬里晴空，一會兒卻陰霾密佈，急風猛颺，狂濤怒吼。默娘父兄的帆船在狂風怒濤中劇烈顛簸，時而被拋上高高的濤峰，時

而又跌進深深的波谷，檣傾舵折，情況十分危急。

　　此時，默娘正在家裡織布，隨著風捲浪湧，忽然雙眼緊閉，面色陡變，似有靈異附身。她手持木梭，腳踏機軸，好像拼盡全身力氣在掙扎護持著什麼。

　　在這同時，默娘的母親看見，以為女兒著了魔，便拍著她的肩頻呼她的名字。只見默娘的身體猛然一震，手中緊緊抓住的織梭應聲落地，接著默娘睜開眼睛，神色淒惶地放聲大哭：「阿兄掉進海裡！我沒辦法救他了！」

媽祖

35 x 75CM　木雕　清初
施學松蒐藏　劉信宏攝影

　　媽祖——林默娘被神接引返回神界時，芳齡二十有八，但，人們卻常在廟宇中見到頗有一些年紀、具慈母形象的媽祖，這當然是匠師個人對媽祖所散發出的光芒的心領神會，媽祖形象在匠師的心中擴大之後，年齡的表現成為一種表徵，因此二十八歲的她逐漸成為年齡無限制的「祂」，人稱「媽祖婆」就是這樣的心態而造成的。

　　畫面中的媽祖神像，造型優雅，帽飾、衣著皆十分講究，端坐在龍椅上，顯得尊貴異常。

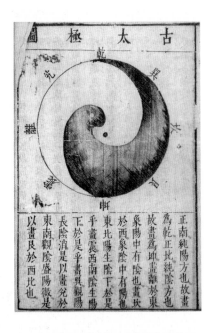

太極圖

上古國人認為宇宙不僅是旋轉的一體（太極），也是可以分開成陰陽兩極（生兩儀）。太極圖的陰陽魚表示一切事物既矛盾，又相輔相成，物極必反。中間的「魚眼」表示陰中有陽，陽中有陰。

王氏被女兒的這番話嚇了一跳，但又十分著慌，連忙派人四處打聽消息。不多久，她父親灰敗著一張臉返家，訴說了海上的不幸。

原來默娘的父兄剛一出海，剎時風狂浪激，整條船幾乎被海浪吞沒，但是冥冥中有如神助，有好幾次船隻差點翻覆，卻都有一股無名的力量協助把舵穩穩把住，才得以不沉。獨獨兒子洪毅被突來的一個巨大浪頭捲入海裡，如今生死未卜。

第二天，天剛亮，默娘陪著哭得雙眼紅腫的母親、嫂子，駕船駛往茫茫大海尋找哥哥的下落。突然，船上的人發現不遠的海面湧出大群水族，似乎阻候在那裡，不讓船隻繼續前進。

所有的人都被這異象驚駭得說不出話來，只有默娘鎮定地踏上船頭，大聲地對著魚群說：「你們知道我大哥的下落嗎？請告訴我他在哪裡？」

話音剛落，只見水色澄清，洪毅的屍體亦隨之浮出水面。原來水族是護屍而來。林默娘航海尋兄的事跡不逕而走。從此，人們對她日益尊敬，不再直呼「林默」，而尊稱為「神姑」。

而默娘為兄長罹難，極為心痛，但心知此係天數，便更虔心學道，決心要救更多海上遇難的人，以悼祭亡兄，並常常駕船巡視海上，為鄉親們報告風向海流，使得出海的漁船不但遠避風險，而且滿艙漁歸。

遊魂救父

天后聖母事跡圖誌有段文字說明：「天后神機上出神救父兄。」一個婦女怎麼能在夢中搶救海難中的父兄呢？這對現代人來說，是件不可思議的事，但這種思想認知在古代卻有其根據。

「出神」（即道家所謂「出陽神」）是指當默娘在家中打坐時，她的魂魄卻能別現化身，飛行宇內，救助一切遇難呼救的人。雖然極為神異，但並不是前無古人之事。佛教創始人釋迦牟尼佛生前就能作到這一步。祂歷次赴天宮和龍宮說法的事情，佛經上記載得非常清楚。

「出陽神」的「陽」字，是仙佛聖哲修真成道的一個極重要的關鍵所在，其中涉及中國道家修真的玄妙學理。道家認為：「陽」是天地之本，人懷在母胎未生之時，乃是純陽之體，因此他無須呼吸，渾然為萬物始，既至脫離母體，五官六欲便攝入了外界的「陰」，因而也步上了生老病死之途。

仙佛的修道，就是要剝出此後天之「陰」，還我本來之「陽」。如能做到這一步，就能得道成真，步出生老病死的輪迴軌道。而且肉身圓寂後，其靈魂亦永存於天地之間。媽祖現在能在婆娑世界普渡眾生，靈蹟昭著，就是基於這個道理。

另外就古代巫教的解釋，則認為：世界是由三界組成，上界居神，下界居鬼，中間居人，而人界中有一種巫覡，他們既是平凡的人，又是溝通三界往來的媒介。他們溝通三界的方法無非有兩種：一種請神附體，一種是過陰，即巫覡的靈魂可以出遊，去鬼神世界從事巫教活動——夢中救親的媽祖，正是她出走的靈魂，這是一般凡人所不具備的神功。

總之，媽祖遊魂救親這則故事雖然神異，但無非是頌揚媽祖孝父友兄的純良。到二十世紀三○年代，有些媽祖廟宇改名叫「林孝女祠」，就源於這個神話故事。

遊魂救父
台灣媽祖聯誼會提供

在許多有關媽的記載和傳說中都提到媽祖在年輕的時候就有一種遊魂救父能力。《天后聖母聖跡圖誌》第四幅中曾描述了當時的情節，稱「正織機神游滄海」。內容是媽祖正在紡織機上操桵織布，旁有一姊妹在抽紗。在媽祖上方有一道光芒射出，遠處是媽祖遊魂到了滄海，疾視遇難的父兄，旁邊有一段文字說明：「時值九秋，后父兄兩舟濟海，西風正急，波濤震奔，后方織忽心動，遂閉睫神馳，手持桵，足踏機軸，若有挾而恐失之意。」

接下來在第五幅(本圖)「破驚濤送救嚴親」中，就繪有貨船正在沉沒，媽在空中挽救落難的父兄，由於搶救時聽到母親呼叫，其兄又掉進海中。旁邊有一段文字：「機上凝神，母怪急呼，后醒而泣曰：『父得保全，兄已沒矣！』始知頃所足踏者，父之舟，手持者，兄之舵，呼醒舵摧，竟不獲救。」

133 x 62cm 鹿港民俗文物館藏版 楊永智拓印

觀音媽聯通常分三層，觀音居上位，善才龍女居旁侍；中間為媽祖坐鎮，香花侍女旁侍；下層則為司命灶君與福德正神坐像。民間多將雕刻精美的觀音媽聯供奉於廳堂，朝夕焚香禮拜。

媽祖的故事

焚屋引航

宋朝時，湄洲秀嶼港千帆競發，萬商雲集，十分繁華。

當時，興化軍三縣有「三寶」：莆田的桂圓如瑪瑙、興化的糯米勝瓊膏、仙遊的蔗糖天下少。生意人經營這三寶，若航行順利，飄洋過海，往往都可以獲利百倍；但若是遇上了惡浪險風，自然財失人亡。好在湄洲出了個奇女子林默，自幼熟悉水性，長大後更是善辨風雲。她常常風裡來、雨裡去，樂於為舟船引航、趨吉避凶，所以行船的人都尊稱她為神女。每逢風暴來時，她總會駕舟出海，把漂流在海面的船隻一一引進風平浪靜的秀嶼港內。

有一回，默娘一連十幾個日夜為商船和漁船引航，實在困倦極了，才吃過晚飯，便伏在桌上沉沉入睡。她母親取來一條被子，輕輕為她披蓋讓她休息。

這時，默娘在睡夢中依稀聽到海上風聲呼呼、濤聲隆隆。驚醒過來，馬上疾奔到海邊的崖石旁眺望，朦朧中只覺排空濁浪，遠處幾點

白光，若隱若現，彷彿有人在呼救。

她知道，那一定是外來的船隊被風暴困住迷航，即便這時駕舟引航也已經來不及了。默娘當機立斷，立即轉身跑回家，沒進門就大聲喊叫：

「阿爸、阿母、阿姊，快出來呀！」

全家人都很敬重默娘，一聽到她的叫喚紛紛跑出門外，只見默娘揮手將油燈擲向茅棚，頓時茅棚燃起了熊熊火燄。

原來，這是一支羅馬國的船隊，他們在黑夜裡遇上風浪，心慌意亂、不知所措之際，忽然見到一片火光，讓他們辨清了湄洲灣秀嶼港的方向，於是拼盡全力把船隊開進港灣，終於化險為夷。

第二天，羅馬的商人上岸來，看到默娘家的殘垣斷壁，得知是林默姑娘焚屋為他們引航，個個感動不已，紛紛解囊，欲助默娘重修房屋。可是默娘堅持不收，她說：「房屋馬上就會修好，請放心吧！」

果然不一會兒，島上的鄉親趕來了，有的帶木頭，有的帶瓦片，大家一齊動手重建家園。商人們見到這種情形，都感動地無法言語。

林默焚屋引航的事傳開後，海外的商人們都說：興化的特產好、興化人的情意更好！以後，來興化做生意的商人就更多了。

然而，風雲依然變幻莫測，濤浪依舊反覆無常，出航的漁船還是屢傳災難，這讓默娘於心不忍……

《昭應錄》木刻本
雲林北港朝天宮藏

乾隆三十二年（公元 1759 年）湄洲天后宮住持僧昭乘所撰之《昭應錄》。

女性美
雲林北港朝天宮提供

交趾陶是低溫燒成的陶器，塑造各種人物、瑞獸、靜物，集燒陶與雕塑技法於一體，為台灣傳統建築中重要的裝飾手法。其起源可溯自唐代的三彩陶（唐三彩）。

台灣的交趾陶據傳為清代中葉時由廣東匠師傳來，後經諸羅（嘉義）匠師「葉王」（葉麟趾）發揚光大，成為具有台灣鄉土特色的工藝品種。交趾陶裝飾通常用於建築物之屋頂瓦飾及屋簷下、壁堵等部位的裝飾，顏色渾厚樸拙、造型流暢優美，但因極易風化，不利保存，近代多為剪黏所取代。

帆髻示志

海風的吹打，海水的沐浴，使默娘越來越健美，越來越惹人喜愛。這年，時光流轉到了出閨的年齡——十八歲。因此，上門求親做媒的人很多。剛開始她老是回答：「讓我想一想再說。」而想一想之後，又變成了千篇一律的「以後再說吧」。

父母雖然對女兒在風暴中救人的善舉感到非常高興，但又覺得這樣長年累月地風裡來浪裡去，在海上獨來獨往對於

媽祖髻

台南正統鹿耳門聖母廟提供

每座媽祖宮廟都有特定的女侍為媽祖打點服飾，妝扮儀容。圖為媽祖未佩戴鳳冠前的「媽祖髻」髮型。

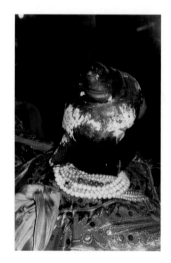

女孩子而言，終究不是長久之計。因此，默娘的父母很想爲女兒找一個如意伴侶。

就在父母爲她的婚事操心之際，默娘卻無緣無故酣睡了三天三夜。醒來後，她打了三盆水、洗了三次頭髮，然後把自己關在閨房裡，慢慢地梳理。她先把頭髮分成左、中、右三部份，然後把中間部份梳成螺髻，接著再梳左右兩邊。最後用髮夾、骨針把頭髮固定在後腦勺，梳成像船帆一樣的髻，並在螺髻中間插一根銀針，針上繫一條紅線。

默娘整整梳了三天三夜。當她梳好頭髮，打開房門站在家人和眾漁女面前的時候，大家都看呆了，只見默娘變得更加嫵媚、更加漂亮了！眾漁女紛紛向默娘請教梳法，默娘笑了笑，就把梳法教給大家，並對父母說：

「阿爸阿媽，你們看，我已梳好了冠；這上面，髻爲帆，針爲錠，線爲纜。我已把自己的終生獻給了大海，矢志一生行善助人，侍奉雙親終老，請阿爸、阿媽不要再爲女兒的婚事操心了……」

父母知道她的心志已定，也就不再勉強她。

隨後，默娘登上湄峰，眼望大海，撫今追昔，思緒萬千！爲了能夠拯救那些遇難的漁民、商人和旅客於驚濤駭浪之中，她毅然作出捨己利人的抉擇：誓不出嫁，堅守海島，拯危扶難，濟世救人。

媽祖髻和媽祖服

達志影像提供

湄洲及其北岸各漁村，一些上了年紀的婦女都梳著一種很別緻的帆髮髻，當地人稱之為「媽祖髻」；而身上則穿著海藍色斜搭襟的中式上衣，下黑上紅的寬大褲子，稱為「媽祖裝」。相傳媽祖生前最喜歡這樣的髮型和裝束。

據說媽祖裝的藍色代表大海，褲子原本是紅色的，由於媽祖常年在海上救助漁民，被海水打濕的褲子遠看去像是黑色，沒有被打濕的部份還是紅色的，久而久之衍化成現在的樣式。至今湄洲島及其北岸各漁村的漁女們一旦出嫁，就一定梳這種帆形髻，以此來紀念默娘，也表示她們對海神的虔誠敬意。

大道公鬥法媽祖婆

林默為了能夠濟世救人，誓不出嫁！但她與保生大帝的一段愛情故事，卻在福建閩南民間和台灣民間廣為流傳。

保生大帝又稱大道公、吳真人……等，俗名吳本，出生於宋代太平興國四年（公元979年），為福建同安白礁村人氏。相傳吳本曾醫好宋仁宗（公元1022-1063年）的病，皇帝要封他為御醫，但吳本堅持留在民間為

民服務。吳本擅針灸，醫術高超又救治貧苦，傳說他還曾醫治過動物，相傳有一隻巨龍生眼疾，變成人形去找吳本醫治，但吳本一眼就看出牠不是人類而是龍，並給牠一碗藥水使巨龍多年不治的眼疾霍然而癒，巨龍感恩，於是化作原形甘心成為保生大帝的坐騎；另一傳說說某天吳本到山中採藥，發現一隻老虎因剛吃下一個人，有一根骨頭鯁在喉嚨，痛苦萬分，吳本不忍見其慘狀，於是慎重告誡老虎莫再吃人後，便以藥水灌入虎口，使老虎喉中卡住的骨頭化解消散，而吳本後來為神，這老虎為報其救命之恩，便自願替保生大帝守廟門，成為守護獸，這就是所謂「點龍眼、醫虎喉」的由來。

吳本死後，當地人為紀念他，在白礁鄉建慈濟宮供奉他，俗稱「大道公」。明仁宗洪熙元年（公元 1425 年）又被晉封為「保生大帝」，因而閩南各地紛紛建廟奉祀。公元 1661 年，延平郡王在廈門揮師東征收復台灣時，曾雕塑一尊吳真人像壓陣助戰，將吳真人帶到台灣，並在台灣建廟奉祀他。後來，由於大陸漢人大批東渡台灣，因此台灣各地均建有慈濟宮。

據說，本來天上諸神擬為海神媽祖與神醫保生大帝撮合姻緣。有一天，林默因為看到母羊生產時的痛苦，聯想起人結婚後生孩子時也會這樣劇烈疼痛，所以就和保生大帝斷絕了關係。保生大帝一氣之下，就在農曆三月二十三日林默誕辰之日這一天，作法降雨，洗落了她臉上的花粉，致使林默那年輕美妙的容顏大受損傷。可是林默哪肯示弱罷休？她以牙還牙，在農曆三月十五日保生大帝繞道巡境時，刮起猛烈狂風，吹掉他身上的龍袍，殺下這位英俊美男子的儀容。

台灣民間有句用來形容三月多風多雨的諺語「大道公風，媽祖婆雨」即由此而來。

遍讀神書

湄洲島南面海岸邊，有一處石景奇觀，叫「媽祖書庫」。那裡有一片片褐黃色的頁岩，像一本本、一疊疊很有規則的書籍，井井有條地排列著，簡直像一座收藏豐富的書庫。

相傳，默娘從小就聰穎好學，而且也讀了許多書。她立誓要用自己的智慧去征服大海、解開世人的難題。但是，她

能讀到的書實在很有限，怎麼辦呢？她焚香跪拜，冥思苦想是否有一種無窮妙法，能達成平生大願。

有一天，她夢見一個鶴髮童顏的老翁，前來指點說：

「善良的姑娘，在南面海濱的石林中，有一座書庫，藏著許許多多奇書。不管是誰，只要讀遍那些書，就會成為無所不能的人。但是，那些書只允許妳看，不可帶走、不可外傳。如果不慎傳給歹人，天下將永無寧日，切記切記！」

第二天，天剛矇矇亮，默娘就依著老翁夢中指引的方向走去，果然在海濱石林中找到了老翁所指的書庫。在那裡，各種有關天文、地理、醫學、卜筮的奇書琳瑯滿目，默娘一直研讀到太陽西沉，才讀完一疊而已。她依老翁的吩咐，把看完的書放回原處才離開。但再回首時，剛才才讀過的書卻已變為石頭了！

默娘潛心研讀了幾個月之後，將書中所載奇學融會貫通，終於得以通靈顯聖，成為一個博古通今的女子。她昇天之後，當地人便把那片石林稱做「媽祖書庫」。老一輩的人說：如果天下第一善良的人到那裡，石頭書冊就又會變為可翻可看的寶書。

保生大帝
楊永智提供

林默為了能夠濟世救人，誓不出嫁！但她與保生大帝的一段愛情故事，卻在福建閩南民間和台灣民間廣為流傳。圖為台南興濟宮保生大帝神符的造像。

鐵馬騁海

端午節時，門懸菖蒲的習俗，各地皆然。但湄洲島端午節門懸菖蒲的習俗，卻與媽祖「菖蒲祛病」有關。在端午這天，島民們除掛一束菖蒲之外，門楣上還貼有一張媽祖的咒符，據說，這樣可免一年病魔纏身。

莆人父母為兒女平安常去湄洲祖廟祈討香袋，供子女貼身配戴，以保健康、平安。香袋為紅布縫製，大小二寸見方，袋內裝有避邪的咒符和保健康的香灰。這種由祖廟散發的香袋，始於明代，可謂歷史悠久了。以後，各媽祖祠廟均仿傚祖廟，也常向祈討的香客散發香袋。

　　當默娘長到十九歲時，親眼見過的海難已經數不清了，每次都令她的心快碎了一般。特別是有一年秋天的一次大海嘯，吞沒了島上數十條漁舟，奪走了百餘名鄉親的性命，默娘悲傷得寢食不安。

　　午夜時分，默娘正輾轉難眠，突然聽到門外傳來了一陣長長的馬嘶聲，心裡十分詫異。她想：這湄洲島上的人家都慣用舟楫，從來沒見過馬，只有村頭的古榕樹下，立著一尊不知哪個朝代留下來的鎮邪鐵馬而已。但那鐵馬雖然英姿勃勃、神氣非凡，但畢竟年長月久、淋雨經風，早已斑銹剝落；難道會是牠在嘶鳴嗎？

　　第二天午夜，又傳來一陣馬鳴聲。默娘更覺得蹊蹺了。

　　第三天晚上，默娘和衣而臥、虛掩柴扉，側耳傾聽，果然又聽到一陣馬的叫聲，而且似乎真的是從村頭傳來的，她便急忙出門，跑到村頭去察看。然而，鐵馬依舊，並無異樣。默娘心中疑惑，便順手摸了摸馬身。

　　說來奇怪，轉眼間那馬身上的斑斑鐵銹竟變成了茸茸

的細毛，手觸摸著還可以感到微微的溫熱呢！她繞著鐵馬仔細巡看，發現鐵馬竟眨著雙眼、嘴裡噴出白氣、長長的尾巴也輕輕地擺動著。

她又驚又喜，雙手捂住胸口，放大膽子爬上了鐵馬，並往馬脖子上輕輕地拍了一下。奇怪的事發生了，鐵馬猛然發出一陣陣雄壯的嘶鳴，昂起頭、奮開蹄，踏著如水的月光，馱著默娘離開村莊、越過溝壑，奔向茫茫大海。

風裡浪尖，鐵馬大顯神威，就像馳騁在千里平川。默娘試著駕馭它，只要她的手指向哪裡，鐵馬就奔向哪裡；她的手指五指收攏，鐵馬就嘎然止步。默娘高興極了，她心想，有了這匹神馬，日後鄉親不管遇到什麼災難，就有指望了！

天色微明，海面上映著晨光。默娘把手向村莊一揮，鐵馬立刻轉過身來，箭似的奔回古榕樹下。默娘跳下馬，用手輕輕地撫摸它，鐵馬又一動不動地站立著，並恢復了原來的樣子。

從此，這匹鐵馬成為默娘聞聲救難最為得力的座騎，平日就佇立在默娘閨房外的屋簷下，若是遇上緊急的海難事件，只要呼喚鐵馬，就會現出真馬的形狀，負載著默娘飛馳在萬里海面，營救遇難的漁民、客商。

《媽祖》雜誌
楊永智提供

圖為創辦《媽祖》雜誌的西川滿肖像、雜誌封面的千里眼造型、宮田彌太郎創作的「天上聖母」插圖。《媽祖》雜誌是於民國二十三年（昭和九年十月）臺北媽祖書房創刊，西川滿任編輯，至民國廿七年（昭和十三年三月）第十六冊停刊。對臺灣有相當的影響，主要為一詩誌，每期均有立石鐵臣、宮田彌太郎等之版畫。

第一篇　媽祖生平傳奇

湄峰祈雨

鐵馬馳騁
台灣媽祖聯誼會提供

默娘跨上鐵馬，縱轡涉水；這匹馬四蹄生風，如履平地，渡海而去，方頃即回。往返時間比駕船還要快得多，鄉親們無不嘖嘖稱奇。

隨著時光的流逝，到太平興國五年（西元980年），默娘二十一歲。已出落得十分美麗可愛。由於受默娘助扶和幫助的人日漸眾多，「神姑」的名聲自然境內皆知，遠近聞名。這年，莆田正遭遇上百年未見的大旱。河流乾涸了、樹木枯萎了、田裡的禾苗枯焦了，百姓叫苦連天。

城內的父老紛紛到縣衙請求縣尹大人親自前往湄洲求默娘設壇祈雨。

這位縣尹平時就非常的貪婪歹毒，而且常向百姓們敲榨勒索，百姓莫不怨聲載道。他本來不甘願降低身份去請求一個漁家女，但又怕旱情更加嚴重，使百姓陷於絕境而發生變亂。迫於無奈，只好帶了幾個跟班，冒著酷暑，來到湄洲。

縣尹見過默娘說明來意，並求她盡力施法，祈雨解厄。

默娘問縣尹：「大旱之災緣何而來，大人可知道？」

縣尹答道：「自然是上天所作。」

默娘又問：「大人既知上天所為，為什麼不捫心自問、自責反省？」

「這……這與本官何關？」縣尹漲紅了臉，急急分辯。

「恕我言重了。你任上積案如山、賦稅加倍、奸吏舞弊、生靈塗炭，早已激怒上蒼。所以，天以旱象示儆吾郡，告誡於你。你這父母官，敢說無關於己嗎？」

　　這是一件前人在祭拜媽祖時必備的用品，置放在媽祖之前作為香插，桌面上有龍數條，應是對媽祖貴為天后的一種尊崇。

第一篇　媽祖生平傳奇

　　默娘的話如劍一般犀利，當著眾人的面揭穿了縣尹的瘡疤，旁人都為她捏了一把冷汗。

　　縣尹又羞又怒，但又不敢當場發作，嘿嘿一笑說：「這乾旱三年不解，本官的俸銀分毫不少。苦就苦了你們莆田百姓。神姑，今日妳願不願設壇祈雨？」

　　默娘想，為了一郡百姓，何必和他賭氣呢？還是祈雨救民危難為是。於是，她回答：「憑民女法力，求告天地，旱災指日可解。但大人須依允一事，方能靈驗。」

　　「要本官辦什麼？說吧！」縣尹應著。

　　「大人須素衣齋戒三日向上天表示悔過，三日後的申時，郡內必普降喜雨。」

　　「這……就依妳了。但本官有言在先，屆時若不應驗，可別怪本官……」縣尹依默娘的話，穿上素衣齋戒三日，跪在地上面對蒼天，以示悔過。

　　默娘登上湄峰，焚香設壇，告祭上蒼，三日三夜，念誦不絕。

　　三日之後的午時，天空依然烈日高懸，而且沒有一絲雲彩。那縣尹看看天空，心想：這時辰快到了，連雲彩也不見，還談什麼喜雨？一定是這刁女戲弄本官！他怒氣沖沖地帶著幾個隨從，趕到祭壇之前斥責默娘：

掛蓆泛槎
后時渡海無檝掛蓆
泛身槎渡之

「今天我倒要看看神姑的法力，若不靈驗，非治妳的罪不可！」

默娘神情自若地回答道：「申時不見雨，願以身抵罪。」

縣尹忙對眾人說：「諸位可聽清楚了，神姑說若到申時不見雨，她願以身抵罪。那時候，休怪本官無情！」

縣尹話還沒說完，天邊的烏雲忽然如天駒行空，黑壓壓的端時將整個武夷山脈籠罩，隨後雷電交加，大雨如注。從申時到午夜，平地水深三尺。枯萎的樹木得到滋潤，枯倒的禾苗復甦，大旱終於解除了。

這年的秋天，五穀豐登。郡內百姓欣喜若狂，各村連日演戲，鑼鼓喧天以慶祝豐收的歡愉。

掛蓆泛槎
台中大甲鎮瀾宮提供

傳說有一天，媽祖要出海，可是，不巧她這條船的帆篷還沒有修補好，船工因此不敢解纜起行。於是，媽祖拿來一張草蓆，把它掛在桅杆上。一瞬間，帆起舟駛，猶如海鷗翔於海面。

今日莆田一帶，特別是湄洲灣的漁船，總愛在桅杆頂上掛一塊帆式草蓆的習俗，便是源於《天妃顯聖錄》中所記載「懸蓆泛海」的傳說。民間有關道方面的傳說就更多了，認為在桅杆上掛塊草蓆，可以求得順風，可以保祐平安，故而人人效之，使之成為風俗。

只是由於草蓆笨重不便，後來改用布製，上插繡有「天上聖母」字樣的三角旗。如今，這種在媽祖廟過過香的三角旗，已成為媽祖信徒用以祈求平安的一種信物。

菖蒲袪病

莆田縣尹自從親眼見過默娘祈雨的神蹟後，就從心裡畏懼她的法力，從此，劣行就有所收斂，但貪贓枉法的事還是時有所為。幾個月後，縣尹家裡四人突然患了怪病，十幾日內發高燒說夢話、不吃也不睡，到處求醫問診都無濟於事。縣尹一時心虛，認為一定是自己罪過太多，受到神明的懲罰。所以就叫人將家人抬到湄洲，懇求默娘救治。

默娘一見面就說：「縣尹大人，我知道你家裡的人全都得了難治之症，這是天數。你過了這一劫難，才能徹底悔過，從今以後，你要積德行善為民造福，以求德聲遠播，福壽綿長。」

縣尹趕緊下跪求道：「我千里為官，全家客寓，四條性命，危在旦夕，懇請神姑憐憫，日後一切當遵行神示！」

默娘扶起縣尹，並從袖裡掏出一張黃紙遞給他，說：「請大人細看藥單。」

縣尹接過黃紙，展開一看，只見上面寫著：「賑濟千家，散銀萬兩，廉潔十分，良心一片。」

他半信半疑，思索一陣，連忙向神姑拜謝，言道：「只怪卑職往日糊塗，連累全家老小。蒙神姑指點，回去即刻照辦。」說著，又磕過頭，轉身就要上轎。

「大人！請帶著這菖蒲九節，煎作茶水服下，病者朝飲夕癒，可保無虞。」默娘叫住縣尹，給了他一包菖蒲，才送他上轎。

縣尹回到家裡，一邊叫人把菖蒲熬成湯藥，讓全家人飲服；一邊叫人翻箱倒櫃，清點積蓄。傳令開倉賑濟，通告郡內的乞丐、殘疾人、孤寡老人集中到縣衙前領銀。次日，他不但親自分發還叫四名衙役對自己施十杖之刑。眾人目睹這一情景，都感到非常驚訝！

後來，這個縣尹不但愛民如子，而且把莆田治理得井井有序，路不拾遺，夜不閉戶；也因為政績昭彰，獲得朝廷的嘉賞，官至御史大夫。他活至九十歲，臨終前，還把默娘的指示囑咐給後代子孫：

「你們要記住神姑的聖言：人生在世，為官為民，都要積德行善，才能袪災彌禍，福壽綿長……」

種藥救人

湄洲島西南面，有一座小嶼島，叫「菜籽嶼」。關於它的來歷，民間有一段神奇的傳說。

有一天，默娘和女伴們一起駕船出海，來到了這個小島。默娘見全島土質貧瘠、寸草不生，十分荒涼，覺得有點可惜，於是用母親給她的一小瓶菜仔油梳妝之後，把剩下的一點兒菜油撒在嶼上。

過了幾天，這些撒過菜油的地方，都長出了綠油油的油菜苗。不久，這些油菜苗綻花吐蕊，燦然金黃一片。接著便結莢落籽，來年

第一篇　媽祖生平傳奇

再綠。從此，這小嶼上油菜不需人工播種，年年自然生長，生生不息，綿綿不絕，後人因而將這小嶼取名爲「菜籽嶼」。

在當地人眼中，這座島上的油菜是默娘所顯現的神蹟，認爲平日按照三餐吃食，就能消除百病，於是他們經常前往摘食，並稱之爲「仙藥」，遇有重要的神明祭典，也常用來敬祀神佛。

化草救商

在湄洲島的西側，有個美麗的漁村叫「文甲」。它背山面海，山清水秀，是商旅、客船往返必經的港口。港裡水深流緩，港外旋渦鼓蕩，暗礁錯雜。船隻只要稍稍不小心偏離航道，就會觸上礁石，使船沉人亡。

一天，一艘滿載貨物的商船剛出這個港口不遠，海面就突然刮起大風，並掀起萬頃波濤。商船一失控，就像鞦韆一樣在巨浪中左右飄蕩。

忽然，一個浪頭打來，商船一下子撞在一塊礁石上，洶湧的海水從船艙底下直湧上來，船上的商人都驚恐萬分，哭喊救命！

在岸上的人們見到這種爲危險的情形，都心急如焚，但因爲風浪實在險惡，沒有人敢下海去拯救他們。

突然，人群中有一個女子，飛步上前，站在岸邊的一塊礁石上。那女子手拿一把蒲草，看了看水的流向，就將手中的蒲草向海面拋去。隨著一道白光閃出，海上立刻飄浮起無數根大杉木。杉木一根根向那商船靠攏，很快就緊緊貼附在商船的兩旁。那商船由於杉木的附托，不但沒有翻覆，還平安地返回了港內。

商人們個個慶幸，商船轉危爲安。他們想向那女子道

默娘用母親給她的一小瓶菜仔油梳妝之後，把剩下的一點兒菜油撒在嶼上。過了幾天再到這個小嶼上時，凡是撒過菜油的地方，都長出了綠油油的油菜苗。不久，這些油菜苗綻花吐蕊，燦然金黃一片。接著便結莢落籽，來年再續。從此，這小嶼上油菜不需人工播種，年年自然生長。於是這小嶼便取名爲「菜籽嶼」。

謝，可是那女子卻不知去向，就連那些附船杉木也消失不見。他們上岸打聽，漁民告訴他們：「那個女子是湄洲漁女，名叫林默，她心地善良，樂於助人，而且道行高深，常在海上救護船隻，大家都稱她爲『神姑』。此後，湄洲神姑的名字即隨著商人們的口碑，傳播到四面八方。

玟杯鎮龜

宋朝時，莆田有一個著名的鑄鼎師傅名叫劉義，他的鑄鼎技術遠近聞名。有一次，他到湄洲鑄鼎，因爲島上從來沒有過鑄鼎的師傅，所以他一到島上，東家請、西家接，一連幾個月忙得根本無法回家。

這天，劉義正爲一家漁民鑄鼎，旁邊圍著一大群鄉親觀看他的手藝。這時，默娘剛好路過，也在一旁圍觀。

只見劉義把燒熔的鐵砂澆進鼎模中，冷卻後起模取鼎，一看鼎底竟然有個小洞！劉義傻眼了，他不知鑄了多少個鼎，從來未曾發生過這樣的事。所以他心裡想：莫非思鄉心切，算錯了鐵砂斤兩？於是，他決心重鑄一次。

這次他算足了鐵砂的斤兩，撥旺炭火，待鐵砂煉紅以

媽祖靈籤
楊永智提供
雲林北港朝天宮提供

在各地的媽祖廟，都備有供香客抽籤，滿足香客卜問未來，了解未知願望的籤文。當人們心平氣和地祈求媽祖指引迷津時，智慧往往就在此油然而生。

籤文多以律詩形式寫成，抽取籤文要履行一番儀式，如叩拜神靈、躬首敬香，然後擲筊，如連卜三聖杯，皆爲一正一反（或稱一陰一陽），便是神明允許抽取籤文，此時香客可前去篩搖竹筒中之竹籤，其自動搖者或通過篩搖最凸顯者，便是求籤者之答案。籤上編有號碼，按照號碼領取籤文，籤文上詩句便是神靈回答你的問題。

圖由左而右爲楊永智先生提供之清代鹿港天后宮所使用的籤詩，以及北港朝天宮提供之於明治44年2月25日發行（西元1911年）籤詩解與木刻籤詩板。

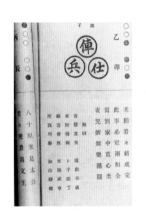

媽祖就像一位永遠不會拒絕的朋友、家人、保護者、醫生與教母。雖然這麼多人同時間跟媽祖講話，不過大家都不會擔心媽祖聽不到他的聲音。

在台灣，大部份的廟宇都設有通靈的乩童，將人的祈求與願望來傳達給神明，也將神的旨意與信息傳達給人。不過在媽祖廟卻不一樣，人一定要親自跟媽祖溝通，沒有人能夠代神說話，所以，人們就以兩片木製的筊杯來瞭解媽祖的建議。只是媽祖的回答較簡單、清楚，只有「是」與「不是」兩種。（筊杯一個凸面朝上，一個凸面朝下表「是」；二筊杯均凸面朝上或凸面朝下表「不是」。

擲筊杯的回答如果是「是」，表示人的決定已得到媽祖的祝福；反之，則表示得到媽祖不好的暗示，最好改變自己的心意。

後，又小心地澆鑄起來。可是等到起模後，取鼎一看，鼎底又有個小洞！這到底是怎麼回事？

劉義氣憤地了將漏底鼎狠狠的摔在地上，圍觀的群眾一哄而散，只剩下默娘一個人。

「師傅，我來幫你好嗎？」她同情地說道。

劉義見她一個女子，以爲是她衝犯了火神，便把滿腔的怒氣都遷怒默娘的身上，氣沖沖地吼道：「哼！我倒要看看妳有什麼本事！」

說著便把剩下的一些燒紅的鼎砂往默娘的跟前倒，不料默娘把兩手一併，手心向上，伸手去接。劉義大驚，以爲這下必定燙傷她的手了，趕忙收拾擔子，挑起就跑。他哪裡知道，林默是水神，水能克火，所以竟是安然無事。

默娘將這些燒紅的鼎砂，鑄成兩個月牙形的鼎砂筊杯，一個凸面朝上，一個凸面朝下，可用來指示陰陽。後來，人們便學默娘，用兩個月牙形的筊杯來占卜吉凶。

在湄洲島北面的黃岐村附近，有兩個小島露出海面，形狀有點像雞籠，而且東西對峙，當地人稱爲「東珓杯」和「西珓杯」。這兩個小島，與當時默娘手中的一對鐵砂筊杯淵源頗深。

原來在很古的時候，這一帶海域有兩隻修煉千年，得道成精的大海龜，牠們變幻成人之後，經常殘害生靈，使得不少漁船翻沉海底。

有一次，一艘漁船從外海回來，路過這裡。守候在此的龜精一見到來人，便凶猛地伸長頸子狂嘯，一個興風一個作浪，以致船上七八個勤苦的漁民，眨眼之間便在兩龜的夾撞下粉身碎骨！

第二天，噩耗傳開，受難家屬扶老攜幼，到海邊哭祭。一時天昏地暗，哭聲大過海風，嚎聲壓過海浪。

從此，這一帶的漁民再也不敢出海，而且紛紛逃離外遷，使得原本和樂安康的小村舍，竟然成了禽獸棲息的地方，原本綠油油的田園也長滿了

木雕媽祖

17 x 29 CM　木　明朝
高振興蒐藏　劉信宏攝影

　　這組作品明代傳至今
日，是相當不容易的。由於
年代久遠，作品中的彩繪、
金箔多已剝落，但斑駁之間
所隱藏的歷史美感、歲月的
痕跡，卻份外吸引人。

荊棘野草。

　　不久，這龜精害人的事，傳到了默娘的耳裡，她決心要
除掉牠們，為民消災造福。當天晚上，默娘焚香禱告，查閱
天書，心中有了盤算。第二天剛曙曉，她帶著兩只筊杯，獨
自來到黃岐半島。

　　默娘走到海邊，取出筊杯，唸了咒語，兩只筊杯立即化
作兩艘小船。默娘跳上小船，駛向大海。

　　不眠的龜精正潛藏在海底深處，牠們一聽到海上有船隻
划來的聲音，立即鑽出洞口不斷鼓動風浪，哪知道海面上那
兩艘小舟依舊安然無恙。兩個龜精一時驚訝就變形為漁民，

也駕起兩隻小船，來到海面察看。

　　默娘早知曉來者便是龜精，卻不動聲色，仍然駕船前進。兩個龜精發現來的是一個標緻的女子，早已垂涎三尺，便再次捲起海嘯，一時天昏海暗，風狂浪急。然而，默娘所駕的小船依然平平穩穩的在海上航行。憤怒的龜精見狀，立即傾全力鼓動狂濤巨浪，不把默娘捲入波濤誓不罷休⋯⋯

　　眼看凶猛的浪頭搖晃著大海，使岸邊的山嶽都震動起來。默娘喝道：「你們真有本事，就到我這船上來吧！」

　　龜精不知是計，一翻身，一邊一個跳到默娘的船上，伸手就要抓默娘。只見默娘躍出小船，踏著船舵，疾呼一聲：「變！」那龜精站著的兩艘小船，立即翻轉過來，「轟隆」一聲，化作兩座小山，並朝著兩個龜精沉落的方向直壓下去。兩龜精逃跑不及，分別被兩座小山壓在水底。

　　從此，這一帶海面風平浪靜，逃離的漁民也紛紛返回故鄉，重新過著幸福安寧的日子。人們為了紀念林默的恩德，就在他們居住的地方修建媽祖廟，奉祀這位女神。因為這兩座小島是媽祖的筊杯所化成的，人們就叫它「東筊杯」、「西筊杯」。

奉聖旨鎖獲雙龍
天后誌

　　默娘設案焚香，苦雨祈晴。玉帝派金甲神鎖龍而去。

擒高里鬼

　　湄洲灣有個村莊叫高里（今湄洲鄉高朱村高厝）。那裡山清水秀，物產豐富，是遠近馳名的「魚米之鄉」。

　　古早以前的一個春天，村裡突然出現了一隻鬼怪，這妖怪有著含沙射人的本領，人們只要被他的陰風或黃沙侵襲，就會染上莫名的重病。

妖怪平日就棲息在病患的屋頂上，見人們的病情稍有起色，就會再用陰風黃沙加重他的病情，直到對方一病不起為止。高里村的百姓不堪其苦，紛紛向神姑求救。

默娘知道這事之後，非常氣憤。為了救治村裡的病人，她不辭辛苦到山上採藥，然後挨家挨戶送給病人。又取出朱筆黃紙，書寫符咒警語，貼在每家的門窗上，儆戒妖怪。

一天，那妖怪又像往常一樣，一入夜就朝一戶人家闖去。可是，這一次才到了門口，忽然一道金光唰地向他射來，霎時火光閃爍猛烈，妖怪渾身火燙灼熱，疼痛的不堪忍受。他趕忙竄到另一家，不料又是這種情況。這時他才猛然想起，一定是神姑在警告自己，不要再擾害生靈。他明知道自己不是神姑的對手，但卻十分惱火自己被她的符咒所傷，一心想要報仇。

他咬牙切齒地看了一眼貼在門窗上的符咒，搖身一變，化作一隻鷦鷯，從屋頂的瓦片底下鑽進一戶人家的屋內，繼續作祟。

妖怪如此猖狂，不除掉他，百姓如何安身？於是，默娘追蹤這妖怪的蹤跡，在一個巖洞前找到了他的巢穴。默娘施術唸

水闕仙班十八神將

湄洲祖廟供奉
台灣媽祖聯誼會提供

明成祖朱棣據說是個最會利用道教來鞏固自己帝位的皇帝，他在《永樂大典》的欽定本中，塑造和欽定了一些地方水神，如浙江的「茅竹五水仙」和南海的路博德、馬援等。在明永樂年間的《三教源流搜神大全》裡面，他又欽定了天妃統率一切水神。所以在湄洲祖廟的正殿中，就排列了十八尊陪祀神。

他們分別是：四海龍王、浙江寧波茅竹五水仙、莆田木蘭陂三水神、泉州林巡檢、廣東二伏波將軍（路博德、馬援）、嘉應、嘉佑二妖、海上水妖晏公總管。

在著名的神魔歷史神話《封神演義》中，姜子牙是哪吒的師父，率領眾人降服妖魔鬼怪，幫助文、武王滅商，最後冊封有功之人，即封神。姜子牙居要角的《封神演義》，在民間道教知識的傳播上，佔有重要的地位，許多關於神明的傳說，都是由此書而來的。

咒，只聽轟隆一聲，巖洞前紅光騰起，碎石紛飛。但那狡獪的鬼妖，竟化作鷦鷯，從巖洞火速飛出，躲避在樹上。

默娘朝樹林望去，只見枝葉間籠罩著一團黑氣，知道有異，即隨手一揮，一隻鷦鷯便從樹枝上墮落下來。默娘定睛一看，地上並無小鳥的形體，僅有一撮蓬亂的枯髮。用火焚燒，那枯髮現出原形，竟是一個又兇又醜的小鬼。

小鬼渾身顫抖地跪在地上，一面叩頭，一面哭叫：「神姑饒命！小鬼罪該萬死！今後再也不敢作惡，願改邪歸正，皈依神姑座下服役，造福人間。」

默娘見妖怪有改過之心，便饒他性命，並收他為卒，立功以贖前愆。又因這妖怪無名無姓，默娘就把擒妖怪的所在地「高里」，作為名字賜給他，稱為「高里鬼」或「高里怪」。高里鬼從此盡心保護高里村百姓，所以，後來村民也將他視作神祇，依四時奉祀。

降服應佑

繼高里怪之後，在湄洲附近的一座小島上，又出沒著兩個妖怪，一個叫嘉應，一個叫嘉佑。他們有時在荒山丘陵上攝人心魄，迷人靈魂；有時在滔滔浪中，翻船破舟殘害生靈，弄得人心惶惶。

有一天，一艘滿載旅客的帆船從附近海面經過，嘉應、嘉佑兩怪見了，緊緊尾隨，打算興風作浪，掀翻客船。當客船駛到海水深處，兩怪立即施起妖法。頓時，海面上狂風大作，巨浪滔天，旅客們嚇得紛紛跪在船板上，對天高呼：

「神姑保佑！」

忽然，一道白光閃過，緊接著轟隆隆的雷聲在頭頂上炸響。霎那間，風停浪靜，原本顛簸的船隻現在航行在平靜的海面上。

這時，人們看到客船的前方，有一隻漁舟在淡煙籠罩的浪花中漂流著，船頭上站立一位

漁家女，身穿淡紅色的裹身細襖，繫一幅鑲邊的碧羅小扎裙，嫻靜端莊，容光照人。在這茫茫無際的大海裡，哪來這麼美麗的女子呢？客船上的旅客們十分驚奇。驚魂未定的應、佑兩怪，更是垂涎欲滴，他們改變了掀翻客船的主意，不顧一切地朝那女子追去。

可是，任憑應、佑兩怪使盡渾身解數，怎麼追也追不上那女子。兩怪追得快，漁舟划得快；兩怪追得慢，漁舟也划得慢。氣得兩怪尖聲怪叫，就這樣追趕了一晝一夜後，那漁舟忽然調頭朝右邊的海岸駛去。

兩怪見了，心裡暗暗高興，因為右邊的海岸是一片荒山。他們思忖，海上追不著，到了荒山上，只要前追後截，不怕抓不到手。上了岸，在兩怪的圍截下，那女子果然停住腳步。兩怪正要上前，只見那女子舉起纖細手掌，對著兩怪的臉頰輕輕一拂，那兩怪卻覺得好像被什麼東西重重地擊了一下，兩眼直冒金星，兩條腿不由自主地跪倒在地。

兩怪想起自己竟然敗在一個女子手裡，很不服氣，彼此使了一個眼神，剛要從地上爬起，兩條腿卻彷彿黏在地上動彈不得。這時，兩怪認出眼前的女子原來是默娘神姑，當下伏地求饒：

「小的作惡多端，神姑法力無邊，卻心存慈悲，饒了我們的性命。我們就是肝腦塗地，也無以報答神姑的再造之恩。小的願痛改前非，在神姑麾下效命，萬死不辭！」

默娘用計降服了兩怪，且見他們跪地苦苦哀求，便含笑點頭，表示同意收留他們。默娘將嘉應、嘉佑收

降服應佑
台灣媽祖聯誼會提供

媽祖降服嘉應、嘉佑二妖，將他們收錄到水闕仙班。後來應佑魔力未淨，又出來危害，媽祖乘小舟親往收伏。圖為嘉應、嘉佑見到媽祖，即登舟跪於桅前請降，請准重歸仙班。

錄,經過教習,列於水闕仙班位次。傳說媽祖水闕仙班有十八將。自此,凡舟船危險之時,只要舟人將頭髮披散祈禱求救,皆可獲得他們的佑庇。

龍王來朝

默娘諳識水性,通曉天文,了解漁訊,常為鄉親預報風向海流,使出海的漁船遠避風險。但有一年,東海海域卻頻頻發生海難,許多船隻行駛至此,都會被突如其來的怪浪捲進海底,淹死了許多人。

默娘聽聞這個消息,推斷東海海域裡必有海怪害人,便駕船出海一探究竟。

行至東海,原來波濤洶湧的海面,突然水色澄清,海浪從船前分開,從兩邊湧出許多錦鱗彩甲的魚蝦水族;接著,在遠遠濤頭起處,浮現出一尊龍頭海神,對著默娘鞠躬致敬。

漁民們對於眼前的異象驚駭莫名,默娘卻出奇鎮定,安慰道:「不須憂慮,那海神是東海龍王,率領東海水族來迎,並無惡意!」隨即踏上船頭,向東海龍王表達了感激之意,並就東海海域時常發生的海難之事,請求東海龍王悲憫眾生疾苦,不要再縱容屬下興風作浪,讓無辜的人們葬身海底。

東海龍王答應了默娘的請求,即率領蝦兵蟹將退回

海中。從此，東海海域風平浪靜，甚少傳出海難事件。

以後，每逢林默誕辰之日，東海龍王都會率領東海的水族前來慶賀，這一天湄洲島海域必然海潮澎湃，湧出成群結隊的魚蝦。而湄洲島的漁民們，為了感謝東海龍王的祝壽盛意，都會在這天暫停下海打漁，以免誤抓到東海龍王的屬下，得罪了這位遠道而來的貴客。

四海龍王

在佛教中，龍眾是護法神「天龍八部」之一，經常可以看到許多龍王，帶領著眷屬，護持佛法。這些龍王在大地上，有時發出震響，有時放出光明，或降甘霖，使苗稼成熟，又能施予一切眾生安樂。

在諸尊龍王中，以五大龍王及八大龍王最為著稱。而「四海龍王」之說則興起自唐代。所謂四海並不是指東西南北諸海，而是泛指四周的海洋。後來才具有方位性。

龍本是一種想像化的神靈，自古迄今，一直在中國文化中扮演重要的角色。龍主雨水，《華嚴經》：「莫不勤力興雲佈雨。」龍王最初只活動於江河等水域，並逐漸取代了河伯。後經佛教的傳播、王權的提倡，使龍進一步傳播開來，無論江河湖泊，還是四海莫不駐有龍王，職司雨旱豐欠，甚至有取代海神之勢。因此民俗中有祭龍王的風俗，許多地方設有海神廟，供奉龍王。漁民在出海前，若先至此燒金銀箔、放炮竹、祭祀龍王，則龍王會保佑出海平安、漁業豐收。

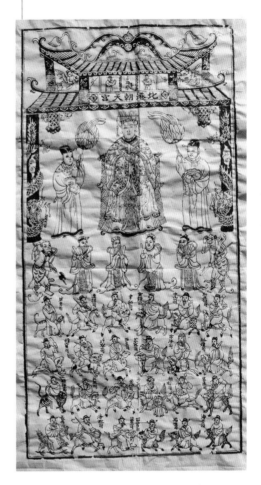

圖為彰化南瑤宮正殿石柱礎的水族石雕。湄洲媽祖祖廟和莆田、涵江天后宮在紀念媽祖誕辰的供品上，必定有用麵粉製的「水族朝聖」三十六盤，即有魚、蝦、蟹、蚌等三十六種。同時，這天湄洲漁民照例不出海捕魚，其原因是因為媽祖為人寬厚，心地善良，她生前常禁止人捕撈某種魚類。這種魚類因感其德，所以每年媽祖誕辰前夕，成群來到湄洲海島周圍漫游，且在游時常作叩頭之狀，以示祝禱之意。

但自宋代以來，四海龍王的地位每況日下，逐漸為天妃所取代。在媽祖傳說中，海龍王的地位是較低下的，都居於媽祖之下，甚至為媽祖所支配、降服。如山東蓬萊天后宮的主神為海神娘娘，四海龍王則成為其侍衛；台灣的北港朝天宮入口兩旁，則有四海龍王護持。這類例證甚多，說明媽祖崛起後，沿海地區的海龍王已經讓賢。

收伏晏公

自龍王率水族龍子來朝叩拜默娘後，東海海域平靜了許久。可是後來又不斷傳出了海難的訊息，這讓默娘覺得有點奇怪，便召喚東海龍王前來，責問他為何不遵守先前約束部下的諾言？

東海龍王無奈地指稱並不是自己的屬下所為，而是最近東海來了一位名叫「晏公」的神怪，他常率領著一群海妖四出興風作浪，禍害旅舟商船，以致海難不斷。

於是，默娘再度駕臨東海，搭船來到海怪常出沒的海域，果然，不一會兒的時間，原本如鏡的海面突然浪濤澎湃，桅檣搖撼，小舟像一片樹葉，隨浪沉浮。默娘朝海上望去，只見海浪分劈

本圖為《天后誌》「收晏公」圖，媽祖以法繩制服了晏公。其中有一段敘述：「有晏公者，浮海為怪，后先施法力制之，雖伏神威，未能誠服。後乃假逞色，相幻一神龍，興濤鼓浪，來犯后舟，后命投下纜繩，隨攝隨粘，牢固難解，始懼而伏罪，后囑曰：『東溟險阻，爾當護民，收為部下總官。』」於是晏公由地方水神，成為媽祖水闕仙班的「總管」。

開來，一個黑面虯髯、眼珠鼓突、頭戴金冠、身穿繡服的神怪，從浪花中出現。

那怪人見默娘獨自站在船頭，當下得意地鼓風掀浪、縱聲怪叫，其嘯聲似震雷，嚇得魚群水族四處逃竄。默娘見狀，馬上唸起咒語，取出一道符咒，向海面拋去。霎那間，海面上濃雲翻滾，狂風大作，波浪咆哮，大地籠罩在一片漆黑之中。

晏公眼見情勢不對，立即收了妖法，悻然地往深海遁去。潛至半途，又心有未甘，不願就此示弱，索性搖身一變，化身為一條巨大的惡龍，挾霧奔騰而來。

這時，雷聲轟鳴，可怖的惡龍在風浪裡翻滾著，風狂浪急，眼看默娘駕的小船即將翻覆⋯⋯

默娘看這情形，心想：第一次已讓你生還，你卻不思悔改，這次若不制服你，必然後患無窮。

於是，她又喃喃唸起咒語，將魚網撒向晏公。晏公正在得意，卻冷不防地被網住，任憑他怎麼翻騰打滾，都無法逃脫。晏公知道默娘法力高深，只得現出本相。

默娘氣憤地說：「你是何方兇煞，敢來此地興風作浪，擾害生靈？」

晏公

晏公，又名晏公爺爺、平浪侯，是一種人鬼信仰。本為江西地方的水神，但被明代統治階級所重視，不斷加封，於是成為全國性的水神，職司平定風浪，保障江湖海的行船，還主宰修堤壩、助戰事。後來媽祖信仰在沿海地區進入興盛發展階段，許多民間信仰的鬼神便納入媽祖系統，其中就包括晏公。

傳說晏公姓晏，名戌仔，江西臨江府清江鎮人，濃眉虯髯，面如黑漆，平生嫉惡如仇。大元初年，晏公應選入宮，官至文錦局堂長。後因病告假歸鄉，不料才登舟就奄然而逝，部屬依禮將他入斂，準備運回故里。船未抵家，鄉親就見到他身著官服，在一群騶卒的簇擁下馳騁於曠野之間。一個月後，船抵家鄉，鄉人既驚且駭，開棺一看，竟一無所有。父老這才知道晏公已為神，於是立廟祀之。

據說當地人非常敬憚他，若是心存不軌，必定先自問：「我這麼做，晏公不知是否知道？」從而打消壞念頭。

將軍神偶
黃晨淳攝影

將軍神偶的製作過程極富神祕色彩。傳說製作或整修將軍頭，須由將軍爺所指定的人選獨自一人，於夜深人靜時刻在屋中準備一盆水，再依據水中浮現之將軍影像製作，所完成的將軍面貌非常莊嚴、威武，令人敬畏。

將軍爺出巡時，頭戴金箍，綁篙錢；面帶七星，手握手錢；大搖大擺，威風凜凜。

「我乃東海海怪，剛才看妳站立船頭不避風浪，因而施展法力嚇唬妳，不想自己根基淺，反被妳所擒，一時心中不服，故去而復來，請神姑寬恕！」晏公作禮俯伏道。

默娘聽了，恐其花言巧語，便收了漁網，順手拋出一條纜繩給他。晏公不知是計，伸手接過纜繩。

不料，纜繩卻將自己綁住，而且牢固難解。晏公動彈不得，只好央求默娘道：「我誠服神姑，願聽神姑號令。」

默娘對晏公說：「要去掉捆縛，你須答應我一件事。」

「好吧，我答應妳。」

「東海海面，風大浪險，許多漁民常常因此喪命。你從今以後，可統領水闕仙班，在那裡巡邏，護民救難，立功贖罪。你肯答應否？」

「我願聽命差遣，請神姑鬆綁吧！」

默娘見晏公確有悔改之意，便收起繩纜，說：「去吧！」

晏公向默娘作揖拜別，便化身入海去了。

後來，晏公成為媽祖手下水闕仙班十八員的總管，協助媽祖，保護海上漁民。

降服二神

遠古時期，棋盤山上有兩個名叫「桃精」與「柳鬼」的魔怪，他們吸取了軒轅廟中二泥塑鬼使的靈氣，化身為人，取名高明、高覺。

兩兄弟中，綠臉的是桃精高明，能眼觀千里內的所有事物，故名千里眼；紅臉的是柳精高覺，能耳聽八方聲音，故稱順風耳。

當殷紂王與周武王作戰時，兩兄弟助紂為虐，運用他們超凡的眼力與聽力，洞悉敵情，使周武王之兵大

敗。時周武王之相姜子牙
以魔鏡照悉，得知千里
眼、順風耳兩兄弟作祟，
因此決定出征之時，大鳴
金鼓，以混亂順風耳；又
以大旗幡遮千里眼之目，
並以狗血驅邪氣。兩兄弟
最後被姜子牙以法術制
伏，負傷而亡，魂魄逃遁
至湄洲島西北方的桃花山
上，經過千年的重新修
練，兩人又慢慢修回原
形。

天公爐
陳蓁攝影

「天上有玉帝，地上有皇帝」。天公爐代表玉皇大帝，是至高無上的神祇，眾神的主宰。他住在金碧輝煌的凌霄寶殿，手握天界、地界、水界管轄之大權。北宋真宗以神入夢之事，封玉皇為：「太上開天執符御歷含真體道昊天玉皇天帝」，簡稱玉皇大帝。將國家、民間、道教之神的主宰合而為一。因為神格極端崇高，無法塑其像，故不設神像，只在神祇上書寫「玉皇大帝」四字。

台灣大部份的廟宇不設玉皇大帝神龕，僅在天井設置天公爐供信徒祭拜，爐腳由三隻贔屭背負著，兩旁由兩隻螭虎拱著，香火直通天庭與玉帝相感應。

　　但是他倆仍不知悔改，不斷地利用他們千里耳目的異能，四出興妖作怪，擾害生靈，使得桃花山附近的老百姓苦不堪言。

　　後來「湄洲神姑」林默娘的事蹟傳至桃花山一帶，地方父老便派人前往默娘家中向她求助，默娘悲憫他們的困苦，決心施法為民除害。

千里眼、順風耳

　　千里眼、順風耳二神在民間知名度頗高，究其來歷，正史上並無記載。但在《武王伐紂討平話》及《南遊記》二書中，以為二神即古人師曠與離婁。

　　師曠是春秋時著名的音樂家，雖雙目失明，卻有異於常人的辨音能力。傳說晉平公曾鑄大樂鐘，樂工們聽到都信為音律準確，只有師曠不以為然。後來證實他的判斷是完全正確的。另外，他還能預知吉凶。師曠從太子晉的聲音、面色，知道他「不壽」，三年後太子果然夭亡；至於離婁，則是古代傳說中的人物，又名「離朱」。傳說他是黃帝時候的人，有一次黃帝丟了一顆黑色的明珠，叫離婁來找，離婁一眼就把明珠找到了。離婁能在百步以外，看見「秋毫之末」（鳥壽剛長的細毛尖），因此被古人視為「千里眼」。

　　不過，他們最廣為人知的角色，還是來自《封神演義》的記載，後被道教吸收，成為天上聖母媽祖身旁的護衛神。也因此傳說媽祖是觀音菩薩的化身，在人世間普渡眾生，而千里眼就是替她執行「觀」的任務，順風耳則執行「音」的任務，二者相合，正為「觀音」之意。

在每一座媽祖廟裡，媽祖神像的前方，左右兩旁各豎有千里眼與順風耳兩尊神像，順風耳在左，千里眼在右，千里眼面目猙獰，肌肉突出，右手舉起做眺望狀，眼睛突出，嘴張開，露出白色牙齒，全身做立姿。這種形象可以從敦煌壁畫的力士像發現到類似的造形。可想而知，千里眼的形象自然一樣受到盛唐人物畫的影響，尤其兩者身上都有飄帶，只是圖示千里眼與順風耳之雕塑，均為180公分高的木頭雕刻，其造形之均衡，與雕工之精緻，以及形體中線條與量感的卓越表現，在二百多年前，沒有素描訓練的藝匠竟能為台灣留下這麼美好的塑像，不能不令人嘆賞。

在一座廟宇裡，我們看主神媽祖的女性優美，再看千里眼、順風耳的男性粗獷，這種對照更顯露出媽祖的仁厚本質，不僅是中國柔能克剛的精神表現，更是中國藝術在造型上注重精神性的一例。

圖為台南大天后宮千里眼、順風耳。

為免二精起疑，默娘裝扮成村姑，和眾鄉親們一塊兒上了桃花山。

那天傍晚，她們大夥兒在一株古松下等候，新月初懸，等到戊亥時刻，未見蹤影，再等至午夜子時，果然有了動靜，先是一陣狂風過嶺，將那棵古松折斷，隨後突然星灰月暗，寒風澈骨。默娘心知有異，速令同伴行者閉目伏在地上，自己則手持銅符，等候一切變化。

不到幾分鐘，千里眼與順風耳果然隨風而至。他們除了相貌猙獰之外，還手持鋼鞭巨斧，瞪著銅鈴大的眼睛望著默娘。見默娘清麗的容貌，他們竟垂涎了起來，分從左右進襲調戲。

只聽默娘厲聲一叱，紅雲翻滾，狂風大作，二怪即刻化作二球火輪倉皇逃竄。默娘又把手帕一拂空中，便見風砂捲地，霾障蔽空，但二怪仍手執鐵斧意圖拮抗。默娘再一聲喝斥，二怪手中器械便應聲掉落塵埃，而且再也拿不起來了。

兩個妖怪大驚，連忙跪在默娘面前求饒。默娘收了法力，訓斥道：「今後如再作惡，決不饒恕！」於是湄洲灣安靖了兩年。

兩年後，二怪不甘就此雌伏在桃花山上，便故態復萌，又出來搞亂。他們不時在海上興風作浪，使得行經此處的漁民、船商，經常陷入莫名的危機之中。

二怪復出的消息，很快傳到默娘的耳中，爲了根除當地居民的心頭大患，她決意再次前往收伏二怪。

出發前，默娘運用神通，清查二怪眞正的來歷，結果發現千里眼爲北方的水星、順風耳爲西方的金星下凡，需要用五行中的土來剋水、用火來剋金。

於是默娘在桃花山下設神壇，當即演法唸咒。只見林木震號，砂石飛嘯，二怪立即陷困在樹林裡。默娘又拋出一撮土和一把火，那撮土化爲一座山壓向千里眼，一把火幻爲熊熊烈燄，撲向順風耳。兩個妖怪逃遁無門，急忙拜倒在默娘面前，並請神姑收歸，表示永遠皈依。

默娘見他們二人眞心悔改，便將他們收爲座下部將，命「千里眼」眼觀千里災難、「順風耳」耳聽四方哀告。從此以後，千里眼與順風耳在媽祖左右隨侍修行，並輔佐媽祖四處驅邪鎮惡，成爲海洋守護神的最佳組合。

這一年，默娘芳齡二十三歲。

千里眼、順風耳
16 x 45 CM 木 清
高振興蒐藏 劉信宏攝影

千里眼神像，青面獠牙，眼觀千里，專門替媽祖眼觀千里災難。順風耳神像，紅面獠牙，耳聽八方，陪侍在媽祖身旁，為祂耳聽四方哀告。這組千里眼、順風耳造型及表情都非常憨厚，據蒐藏者指出，此乃平埔族供奉的神像，但無法得到正確的考證，也無法得知平埔族是否也拜媽祖。

湄洲島

天后誌

乾隆《興化府莆田縣志》卷一《輿地》：「湄洲嶼，一名鯑江，有黑白搏石，可為蓍子，在大海中，與台灣相望。前與賢良港相對，天后廟在焉。洪武永樂兩加封號，香火甚盛，廟其故居地也。林艾軒與林晉他書海中一山名湄洲，隔岸視之約五、七里許，一水可到此洲，乃合兩山，蜿蜒之狀，有田數十頃，可耕可食，魚米極易辦，可以中室，讀書隔絕人世，元寶之樂，惟蓍為知之也。」

苦雨祈晴

宋太宗雍熙二年（公元985年），默娘正值二六年華。這一年，福建、浙江等東南沿海地區出現了氣候異常的現象，自正月開始下雨，直到夏季還不放晴。苦雨不止，人民困頓不堪。

朝廷聽聞這兩省發生了大水災，除了派人前往賑濟之外，還要地方官員舉行大規模的敬天儀式，祈求上天垂憐，不要再繼續下雨了。

各地官員奉令照辦，然而大雨還是下個不停，莆田的鄉里同樣有水災為患的情形。於是縣裡的官員、仕紳便詣請神姑出面祈求上蒼別再降雨。

但默娘卻沉吟不語，良久才說：「鄉親們有所不知，這場災難原是朝廷與福建、浙江兩省民眾所造成的共業，上天特地降下大雨予以懲罰。這是劫數，照理說我並不應該插手管這件事情，但是現在天子下詔要兩省官員誠心禱告懺悔，

既是如此，我當除厥禍，為天下蒼生請命了！」

於是，默娘隻身前往災區查看，這才發現此處有隻小白龍盤據，牠不斷地召來風雲，鼓舞一切急流，使得雨勢日漸加大，更糟糕的是，小白龍兩旁尚有青、黃二龍狂蕩地在滄海裡穿梭助陣，才使得雨勢一發不可收拾。

默娘看清情勢，連忙焚靈符拋向海面。這時，憤怒的小白龍化身為一個白衣神將從滾滾的浪濤中衝上來，他大叫著：「我奉玉帝的旨意，處罰這方罪民，妳是何許人，竟敢逆天而行？」

「誠知玉旨降災，但生民遭困已極，而人間天子也為民請命，只要您奏明玉帝實情，玉帝定能悲憫世人困苦，停止這樣的懲罰！」默娘懇切地說道。

「不！在我還沒有淹沒整個大地之前，我決不會停止。」小白龍傲慢地回絕。

於是滂沱大雨又起，雨水洶湧在空曠的草原，氾濫在田地，並衝倒屋舍，人們倉皇奔逃。默娘聽見人們悲慘的哭

聲，心痛地難以言喻，只好取出一條神索將白龍鎖住。頃刻間，小白龍現出原形，不斷地憤怒咆哮，而一旁協助的青龍與黃龍仍在騰波翻覆，一時驚天動地，好不駭人。

默娘隨即設案焚香，誠心誠意地向上天祝禱，祈求玉帝赦免她的罪過，並停止對人們的懲罰。不久，一尊金甲神從天而降，他使北風驅逐黑雲，並命浪潮退去。大海又現出海岸，河川又回到河床，泥污的樹稍開始從深水裡伸出，其次出現房舍，最後莊稼田地擴展開來，開闊而乾燥，大地迅速地復原。

原來，默娘救苦救難的悲憫心意感動了玉帝，玉帝不僅收回成命，還派遣金甲神人鎖龍而去。

後來兩省水患盡除，且獲五穀豐登。朝廷因此派人送來許多財物做為褒獎，但是默娘分文不取，將之分送給遭受水患的災民。

媽祖的故事

湄嶼飛昇

宋太宗雍熙四年（公元987年），默娘二十八歲。這年重陽節的前一天晚上，默娘與家人圍坐時，突然說道：

「明天是重陽佳節，我想要上湄峰，暫離喧擾塵寰，今晚先向大家告別了……」家人以為她只不過想登高遠眺，並不知道她告別的心跡，也就毫不在意。

重陽清晨，默娘早早起床，梳妝打扮，焚香祝願人間平安幸福，然後向父母姊妹以及島上鄉親請安，並對幾個姐姐說：

「今日妹妹想登高遠遊，不能與諸位姐姐同行，這樣會傷妳們的心嗎？」

姐姐們都能理解小妹不捨親人骨肉的心情，卻不懂妹妹為何悲傷，便笑著安慰她說：「妳要遊就自己去遊吧，何必如此多慮！」閒話安慰幾句，也就各自走開去了。

默娘離開了家，駕舟渡海，一步一步登上湄峰，在一塊潔淨的石面上坐了下來，雙手合十，兩眼輕閉。

在這時候，忽然燕集於舟，蜂翔於水；濃雲橫飛，白氣互天；默娘的靈魂緩緩離開肉身，乘長風駕浮雲，翱翔於蒼旻皎日之間。湄洲鄉民們仰頭一望，無不欷駭驚歎，他們立即跪地拜別、敬奉她如同神祇。

轉眼間，只見彩虹輝耀，默娘駕

湄嶼飛昇
台灣媽祖聯誼會提供

媽祖為何選擇在重陽節這天飛昇？這要從重陽節的由來說起。

相傳，東漢時，兵荒馬亂，瘟疫四起，百姓紛紛上山避難。據南朝梁人吳均《續齊諧記》一書中說：當時汝南人桓景同衛士費長房出去遊覽，費長房對他說：「九月初九日你家會有災難發生，必須趕快叫家人縫個口袋，內裝一種叫茱萸的草，繫在背上，再到山上去飲菊花酒，才可免去這場災難。」

桓景在師傅費長房的苦心相勸下，於九月初九帶領全家老少登山避難去了。那天，他們從晨光微熹的拂曉到夕陽如火的黃昏，一直都在山上飲酒進餐，盡情歡樂。沒想到，晚上回到家裡時，卻發現雞、犬、牛、羊全都死掉了。就在他們非常痛惜的時候，勸他們上山的費長房卻說：「善哉！牲畜替你們遭了難，你們該脫災享福了。」這個消息傳過千家萬戶，以後，每年重陽這一天，百姓們都要登高、插茱萸以避邪。

自古以來，凡是有功德與民、於國的人，皆登祀典。況且，媽祖一生，秉坤儀、司水德，化險消災、救世利人，儘管所傳軼事神奇，但她是傳統婦女勤勞勇敢、慈悲善良而又樂於助人的表率。所以，在她飛昇之後，湄洲鄉親為紀念她，相率建廟奉祀，號稱「通賢神女」。

祥雲遨遊而上，俯視人世，若隱若現。隨即一片雲霞下降，包圍著默娘，將這不凡的女子送到天庭去。

林默——媽祖，離開了凡間，人們再也見不到她了，對她卻更加尊敬、更加懷念。她父親任都巡檢時，曾在湄洲島上建有一間營房，離其升天處不遠。鄉親們利用這間房屋，供起了林默的香火，只有這樣，才能表達對她的思慕。

從此以後，有人看見她在山崖水間穿朱衣，飛翔於海上；有人看見她在山崖水間徘徊；有人看見她趺坐在雲端盡頭；有人在夢中看見她預報吉祥……人們有困難相求，有願望相告，向媽祖訴說，必然應驗。於是，人們奉祀媽祖為神，尊為「通賢靈女」，為其建廟。這便是最早的一座媽祖廟，人稱「祖廟」，後來幾經歷代擴建、重修，便成了現今湄洲祖廟的寢殿。

湄洲祖廟今昔

公元 987 年，林默謝世登仙，賢良港鄉親、湄洲百姓及四方民眾，為了表達對林默姑娘的感激和紀念之情，便在她羽化升天的湄洲島上立祠奉祀，是為祖廟的雛形。地點與傳說中林默羽化的地點「昇天古跡」崖相挨相依。

傳說，這最初的祖廟儘管只是一座小廟，但因每天有人祈禱、祭祀，日漸旺盛。後經商人三寶等人的不斷擴建修葺，到宋天聖年間（公元 1023-1032 年）湄洲媽祖祖廟因信徒不斷鳩資擴建，廊廡更加巍峨，此時的祖廟已初具規模。

元朝，媽祖祖廟進一步擴建，洪希文（公元 1282-1366 年）在〈題聖墩妃宮〉詩中，描寫了「粉牆丹柱輝掩映，華表葺突過飛巒」的景象，反映出祖廟的建築盛況。

明朝，媽祖祖廟又更加擴展。洪武七年（公元 1374 年）泉州衛指揮周坐主持重建寢殿、香亭、鐘鼓樓、山門。永樂初年（公元 1403 年），鄭和下西洋時，因得益媽祖庇佑，奉旨遣官整修祠廟。宣德六年（公元 1431 年）鄭和最後一次下西洋之前，親自與地方官員備辦木石，再次修整祖廟。

清康熙二十二年（公元 1683 年），福建總督姚啓聖重建鐘鼓樓和山門，又把朝天閣改為正殿，事因姚啓聖欲赴台灣頒佈一道詔書。因不刮西北風而無法按時到達台灣，眼看要犯大罪，所以姚啓聖特地到湄洲廟祈求媽祖賜予西北風以「順風順意」，結果如願以償。後來姚啓聖就奏請康熙皇帝，大興土木重修了這座媽祖廟正殿。姚啓聖在修建媽祖正殿後屢次建功，被康熙皇帝封為太子少保。所以人們就把這正殿稱為「太子殿」。

康熙二十三年（公元 1684 年），靖海侯施琅增建梳妝樓，朝天閣、佛殿、僧房。接著祖廟又建觀音殿、中軍殿、土地廟等。到清乾隆以後，湄洲媽祖祖廟已具規模，成為一座有九十九間齋房，號稱「海上龍宮」的雄偉建築群，並一直保留至西元 1966 年。

文化大革命期間（公元 1966-1976 年）湄洲媽祖祖廟群落除聖父母祠（佑德祠）、中軍殿、土地廟之外，其他主要建築物均被夷為平地。媽祖廟的文物也相繼被毀和遺失。唯有媽祖神像在林聰治女士等信徒的護衛下得以倖免。

湄洲祖廟廟景

台中大甲鎮瀾宮提供

　　湄洲祖廟位於被譽為「海上明珠」，形如秀眉的湄洲島西北端，初建於宋雍熙四年（公元 987 年），是為紀念媽祖而建的。媽祖（公元 960-987 年）是湄洲島上林氏女，一生雖短暫卻留下無數救難濟世的動人事跡。後來被人們奉祀為神，形成一民間信仰。一千多年來。媽祖信仰遠播海內外，分靈廟宇遍及世界各地，於是尊稱此為「祖廟」，意即所有媽祖廟之始祖。湄洲祖廟經歷代擴建修葺，日臻完善，近年來又集資重修，現已形成錯落有致，輝煌壯麗的建築群。

1981年，有計劃、大規模重新建造湄洲祖廟的工程開始了。人們義務投入工程，在祖廟遺址廢墟上整理出一處地基。各地信衆紛紛參與，踴躍加入修復湄洲媽祖廟的行列。

經過多年努力，湄洲媽祖廟終於完成了大小建築36處的西軸線工程。西軸線工程坐東北，面朝西，呈軸線分佈，有牌坊、長廊、山門、香爐臺、聖旨門、廣場、鐘鼓樓、正殿、寢殿、朝天閣、升天樓等，還有佛殿、觀音殿、五帝廟、中軍殿以及愛鄉亭、龍鳳亭、香客山莊、思鄉山莊等一系列建築物，形成規模龐大、雄偉壯觀、樓亭交錯、殿閣縱橫的祖廟建築群。

媽祖世系

媽祖，是福建莆田賢良港（港里村）一戶林姓人家的女兒。林姓在福建屬於大姓，遍及八閩。從史料得知，福建林姓是從黃河流域遷來的。自西晉到南宋近千年之間，便有數次大規模的南遷活動。入閩時代不同，生活區域相異。但溯流求本的結果，凡是林姓均爲同一宗源。

─始祖剖心─

媽祖姓林名默，人稱默娘，是福建省莆田縣湄洲嶼人。林氏家族歷代爲官，先祖可追溯至殷商時代（公元前14—11世紀）的忠臣比干。

比干，是暴君紂王的叔父，個性忠耿正直，見紂王暴虐無道，常規勸他，紂王被勸得不耐煩，就向比干說：「聽說聖賢的心有七個孔竅，我倒要看看你是不是眞有七個孔竅！」

比干因此慘遭剖心焚面而死。其妻陳氏在當時已有三個月身孕，爲了保存血脈，連夜從首都朝歌逃到牧野（今河南淇縣），產下遺腹子。

——長姓賜林——

公元前1122年，周武王聯合諸侯滅殷後，感念比干的忠烈，以比干之子誕生於長林石室中而賜姓「林」，取名「堅」，拜爲大夫，食邑博陵（今河北省內）。林堅，是林氏受姓始祖，時值周朝之初（約公元前11世紀末）。

——十德九門——

戰國時代，林堅的後代子孫林皋居住於九門（今河北省內），官至趙國宰相，生有九子，各個成就非凡，被譽爲「十德之門」。

——下邳六龍——

歷史進入西晉，時林堅的四十五世孫林禮遷移至下邳（今江蘇省內）。林禮之孫懋、祿，都有一番成就——林懋官至下邳太守，生有六子，這六子亦成就非凡，時人稱之爲「下邳六龍」。

——南渡始祖——

「下邳六龍」一支：林祿於晉永嘉元年（公元307年）以黃門侍郎的身份，隨琅琊王司馬睿鎮守建業（今江蘇南京），因效主出眾，官任安東琅琊王府參軍。公元318年，司馬睿於建業稱帝，林祿又由於軍功顯赫，官封招遠將軍散騎常侍，太寧三年（公元325年），林祿奉命南下，敕守晉安（今福建閩中、閩南和閩西地區，治所在福州）。林祿因軍務勞碌、功業高顯，六十八歲那年與世長辭，被封贈晉安郡王的稱號。這就是媽祖的世祖、福建林姓開基祖的身世。

——莆田九牧——

林祿的十世孫林茂，由侯官（今福州）遷移至莆田北螺村。十五世孫林萬寵官至饒州刺史，生有三子，即林韜、林披及林昌。至此，林氏後

首德媽祖聖像
雲林北港朝天宮提供

1996年四月湄洲祖廟董事長林文豪、林聰治女士等一行人，護送「首德媽祖」抵台。北港朝天宮供奉

戲說媽祖

國立國光劇團提供

媽祖由魏海敏飾演，千
里眼由劉稀榮飾演，順風耳
由李佳麒飾演。

國光劇團是第一個國家
級的劇團。為開創戲曲歷史
的新頁，國光劇團創團以來
即朝著精緻經典與著眼時代
的方向邁進，不斷焠煉出許
多精彩好戲；此齣新編大型
神話京劇《媽祖》便運用現
代劇場技術、機能，使傳統
京劇與現代表演相結合。目
前該團正製作由台灣民間文
學傳說汲取新的題材，並積
極擴充展演場域，以好戲為
本，全方位推廣傳統戲曲，
不論是堂皇如國家劇院，或
者是僻壤如廟口野台，都可
以觀賞到國光劇團精彩的傳
統戲曲。

裔已經過東晉、南北朝、隋朝而進入唐代。

林韜之孫林福，以孝道聞名，唐德宗下詔賜建雙闕，藉
此表揚林家。之後，世人稱這一支脈為「闕下林家」。

林昌的子孫於明代徙居台灣霧峰，為台灣望族「霧峰林
家」的始祖。

林披則生有九子，他們分別是葦、藻、菁、荐、曄、
蘊、蒙、邁、蔇，都官至刺史（州牧），世人稱之為「莆田
九牧」。

——湄洲媽祖——

林披第六子林蘊，唐貞元四年（公元788年）明經及
第，為朝廷派任西川節度推官。唐元和元年（公元806
年），西川節度使劉闢謀反，派人捕捉林蘊，持刀脅迫林蘊
參與謀反。林蘊忠於朝廷，面對劊子手毫無懼色，慷慨陳
辭，持義不讓。劉闢懾於大義，不敢對林蘊下毒手。川亂平

定之後，林蘊遂被朝廷提任刺史一職。林蘊逝世後，因其臨危不懼，忠貞存節，宋紹興年間被朝廷追諡「忠烈」封號。這就是林氏後裔世代所居之鄉里，莆田「忠門」的由來。這一地名一直沿用到一千一百七十餘年後的今天。

　　林蘊之子名愿。林愿有四子：邕、同、圉、賦。五代時期（公元907—979年），林圉官至州牧，生子保吉。保吉也是戰功彪炳的軍人，曾任統兵兵馬使。當時天下大亂，林保吉因慨歎回天無力，便棄官歸里，隱居於湄洲島。

　　林保吉生子林孚，官至福建總管。林孚子林惟愨，北宋初任都巡檢。他的女兒林默，便是眾所敬仰的天上聖母——媽祖。

　　林默，林堅六十九世、林祿二十三世、林蘊六世孫女，與受姓始祖林堅相距二千一百八十五年。

文身二神將
雲林北港朝天宮提供

　　清同治八年（公元1869年）朝廷敕封千里眼為金將軍，順風耳為柳將軍。千里眼頭戴官帽，左手舉於額上，作遠望狀；順風耳頂上雙角，左手持戟，右手指右耳，作注聽狀。表情維妙維肖，栩栩如生，兩像皆是罕見的精美神像雕作。

媽祖／14.5 x 26 CM，千里眼、順風耳／6.5 x 17 CM。這組作品是難得的精品，無論造型、色彩、手工都有一再玩賞的價值。首先，媽祖臉部的表情、衣袂的皺褶、細緻的雕工，手的表情、坐姿都表現得天衣無縫，尤其媽祖造像的色彩運用，更與千里眼與順風耳搭配完美，綠色造型的千里眼，踩著紅色的台座；紅色造型的順風耳，踩著綠色的台座；甚至媽祖的衣飾色彩、座椅上的彩繪，都是經過匠師的特別設計，整組作品既古典又現代，連當代藝術家也要讚嘆。

媽祖的故事

媽祖的身世

　　關於媽祖的出生地點，有兩種不同的說法：一種是莆田縣湄洲嶼；一種是莆田縣賢良港。至於其家庭情況，也有兩種不同的說法：一種認為是「莆田九牧」之後，一種認為是平民之女。但媽祖姓林則是各家公認的事實。

　　事實上，「莆田九牧」《林氏族譜》，明代以前無存，現有族譜是後人編修的；這主要是因為中國古代的各宗族在修家譜時，都會想方設法把歷史上的名人、名將或傳說中的人和神與本宗族在血緣關係上聯繫起來，以增加本宗族的榮耀和血統上的高貴。如陳姓多追溯到虞舜，說開漳聖王陳元光為舜之一百零二代世孫。這種風氣在各地修家譜中都有流行，絕不限於福建林姓。

媽祖世系源流表

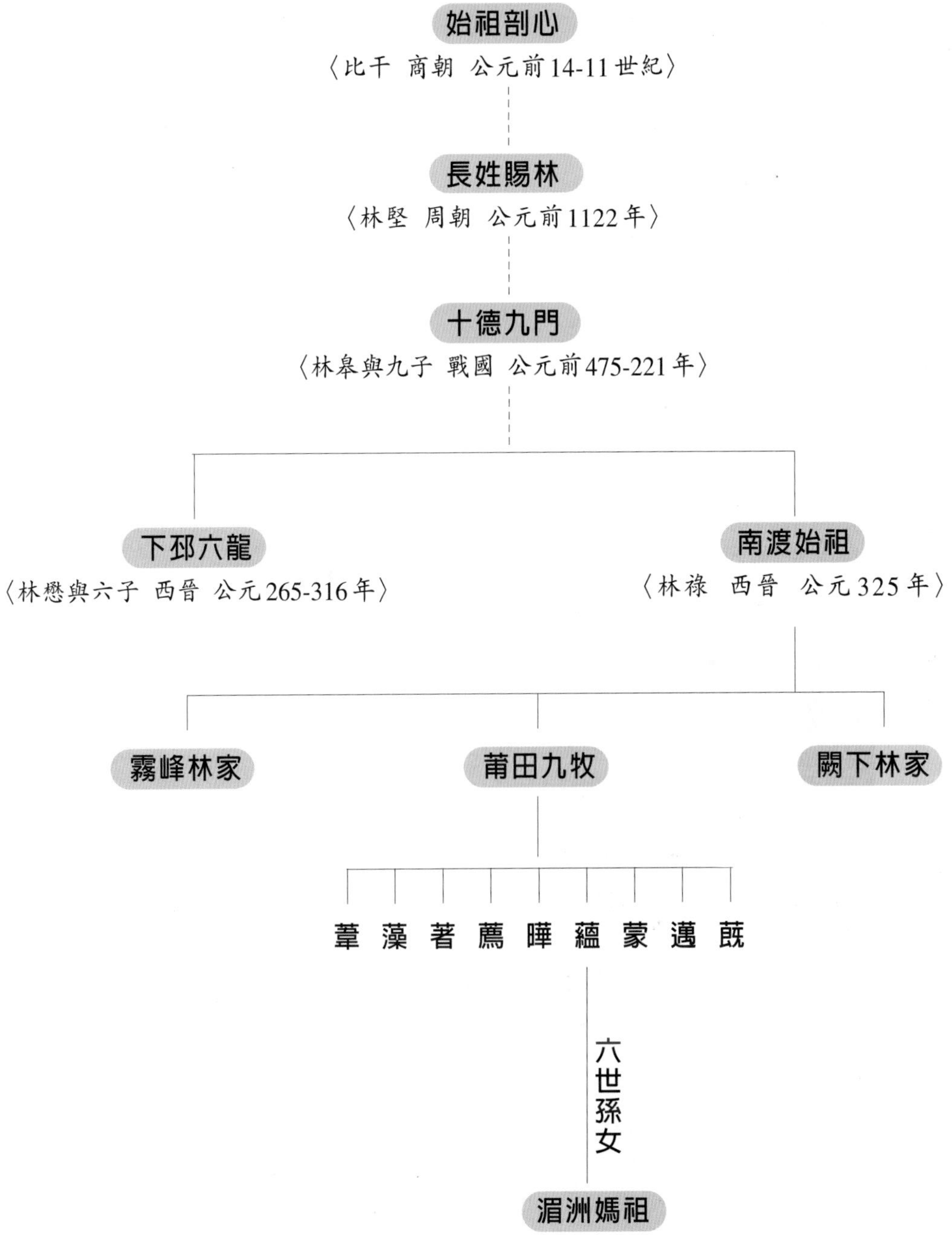

始祖剖心

〈比干 商朝 公元前14-11世紀〉

長姓賜林

〈林堅 周朝 公元前1122年〉

十德九門

〈林皋與九子 戰國 公元前475-221年〉

下邳六龍

〈林懋與六子 西晉 公元265-316年〉

南渡始祖

〈林祿 西晉 公元325年〉

霧峰林家　　**莆田九牧**　　**闕下林家**

葦　藻　著　薦　曄　蘊　蒙　邁　蔇

六世孫女

湄洲媽祖

第三章

飛昇成仙

　　媽祖湄嶼飛昇後，懷念她的弟子信徒為其建廟祭祀，這時還僅是莆田一帶鄉里間對她的民間信仰。宋徽宗宣和五年（公元1123年）給事中路允迪出使高麗，得媽祖庇護，自此媽祖信仰獲准於官家。

　　宋高宗紹興二十六年（公元1156年）陳俊卿於白湖建廟，以其丞相之尊，大力推展媽祖信仰。加上宋室南渡後，閩人從軍者眾，亦迭立戰功，媽祖信仰更隨之廣為流傳。入元以後，漕糧以海運為重，媽祖遂隨閩籍水手宣揚，成為全國之信仰。

三寶起碇
台灣媽祖聯誼會提供

三寶起碇

　　三寶是一位航海商人，有一次，他滿載一船土特產，準備運往海外去賣，船就停靠在賢良港內。

　　那一天，湄洲島上陽光普照，海面風平浪靜。三寶見天氣這麼好，心裡十分高興，便吩咐船工拔錨開船。這時，奇怪的事發生了，貨船的船錨好似被釘在深海底，沉甸甸地任由船工怎麼拉，就是沒辦法起錨。

　　船長覺得事有蹊蹺，趕忙派人探個究竟。船工領命，潛下深海，眼前竟是黑漆漆的一片，令人毛骨悚然。忽然一聲怪叫從海底傳來，原來是一隻眼光如炬的妖怪壓坐在錨上。那妖怪巨大無比，嚇得船工魂飛九天，急忙逃回船上報知此事。

　　三寶聞言大驚，馬上登岸詢問漁民，在湄洲島上最靈驗的神明是誰？當地居民都說是林默娘，於是，三寶立即趕往媽祖祠虔誠祈求媽祖解救此厄。

　　正當三寶誠心祭拜之際，一名船工在

船長的差遣下跑來。他興奮地說：「方才眾人正束手無策，忽然見到一位天人般的女子，優閒地坐在船舵上，只見她對著海底輕輕揮了揮手，船錨立刻被拉了起來！」

三寶半信半疑，心想此事不知是這位女神顯靈解厄，亦或只是巧合？剛巧這天恰好是三月二十三日媽祖誕辰，三寶便把瓣香插於廟前岩石縫間，大聲向媽祖祝禱道：

「以香為證，如果您真有靈，請保佑三寶此次平安出航，若是賺了大錢回來，三寶必定擴建您的神廟，以報答聖恩！」

話畢，寧靜的空氣中傳來刷刷的風聲。三寶望向海港，看見大風激盪著海浪，船隻在海面上搖簸著。船員們大聲歡呼，各就各位，整裝待發。

之後，三寶驅船出航，每當他在海上遇險，就對空呼禱，都得到媽祖護庇。三年後，又是三月二十三日這一天，三寶果真賺了大錢，安全回航。他特地回到湄洲島致謝。沒想到走到廟前，竟見到三年前自己插的香已經落地生根，長成三株香氣馥鬱的大樹。

三寶大為感動，馬上出資擴建廟宇，報答媽祖的庇護之恩。「三香化樹」的神蹟，也因此在民間廣為流傳。

媽祖教統的歸屬

中國有道、佛、回、天主和基督幾大宗教，那麼，媽祖屬於哪種宗教呢？

佛教於西漢末年傳入中國後，至唐代初葉達到全盛。但唐太宗李世民崇信道教，奉老子李耳是自己的祖先，因而在朝野信仰上規定道一佛二。唐玄宗以後的各帝王大體上也相信道教。

北宋時期，奉道抑佛，全國各地修建道觀風行一時，因此，湄洲林默的神蹟，自然被道家打上道教的印記。也正因其有道教特徵，媽祖被歷代崇道抑佛的皇帝所敕封。

元代，蒙古族入主中原，元世祖採「以儒治國」和「以佛治心」為國策，媽祖信仰也被納入佛教範疇，因此有媽祖「即普陀大士之千億化身」之說，許多天妃廟更由僧人主持。

明代則把媽祖納入道教範疇。明永樂年間（公元1409-1412年）出現的《太上老君說天妃求苦靈驗經》被收入道藏洞神部文類中，以致當時許多天妃廟紛紛歸入道觀。

而明萬曆年間，吳還初撰寫的《天妃娘媽傳》，更描寫南海觀音的所謂玄真女下凡興化林家，投胎湄洲化身的情景，構想媽祖神通變化，法力無邊。這本章回小說，對於明末清初的《天妃顯聖錄》以及清乾隆四十三年（公元1770年）、莆田舉人林清標根據《天妃顯聖錄》撰寫的《敕封天后誌》（簡稱《天后誌》，即《湄洲誌》）影響頗深。

縱觀以上可見，媽祖乃是似道似佛而實際上是非道非佛，兼融儒、道、釋三家的獨立神。她既頌《觀音經》，也受玄微秘法；媽祖經中既有《觀世音說天妃救苦靈驗經》，又有《太上老君說天妃求苦靈驗經》；同時，她孝順父母，友愛兄姐，是儒教的典範，也是航海者心目中永遠的天上聖母。

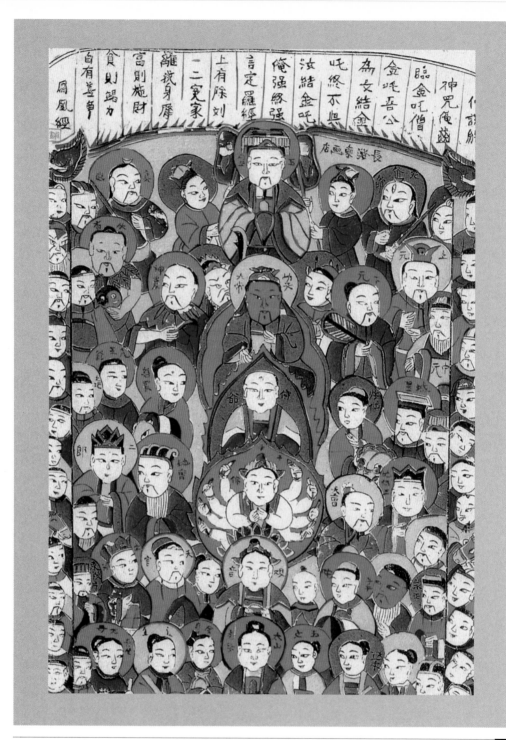

佛道諸神

彩印年畫

媽祖既非佛教所創，也非道教所立，而是佛教、道教信仰吸收了道教信仰成份。所以將媽祖歸於任何一種傳統宗教都不恰當，應是經過歷代混合而成的民間信仰，且帶有佛、道和儒諸色彩。這種信仰是在明末清初形成的，也就是所謂佛道釋三教一體，這種諸教的包容性，是中國民間信仰的重要特點，如年畫中的《萬神圖》，各地的萬神廟也是上述的產物。

顯夢闢地

宋哲宗元祐元年（公元 1086 年），莆田城東寧海的老百姓，在夜裡常常看見江水中有異光閃爍。有個農民終於找到了那發光的物體，原來是一段枯木頭！

農民把枯木拖回家裡，準備當成燃料燒飯。沒想到第二天早晨，那段枯槎卻又自己回到江中了。這農民感到好生詫異。就在當天晚上，全村男女老少都夢見媽祖。她說：

「我是湄洲神女，我的魂魄依憑在那段枯槎上，可將它當作我，讓我居住在你們這裡的堤墩上。」

村民紛紛奔向走告，互相商議後撈起神木，將它雕成媽祖神像，供奉在祠堂的右側，號稱「聖墩祠」。

聖墩祠果然靈驗無比，凡是來這聖墩祠祈禱的人，多有求必應，尤其對來往的商船最為顯靈。傳說徽宗宣和四年（公元 1122 年），江寧人洪伯通出海遇風，呼禱媽祖之聲未落，風浪就即刻平息下來。他平安回家後，便再塑媽祖，虔誠敬奉。多年後白塘人李富捨魚桁二十四門以供香燈之用，又闢田地二百畝作為祭祀之需。

徽宗賜匾

北宋宣和年間（公元1122年），徽宗皇帝派遣大臣路允迪出使高麗國。

因爲當時北方的金兵不斷侵犯中原，所以取道水路，選在莆田寧海鎮造船，擇日啓航。

船隊由八艘海船組成。出發那天，欽命使者路允迪身穿大袖官袍，腰束玉帶，凜凜威風的上船。不料船隊剛駛出東海，突然大風像一群獵狗衝出，海洋在急風下咆哮，巨浪騰湧如山，可怕的大風暴瞬間將七艘船艦撕成碎片，然後一一吞沒，唯獨正使路允迪的坐船在風浪裡載沉載浮……

水手們眼見巨浪向他們捲來，大家都失魂落魄，再也無力搖動大槳。危急存亡之際，路允迪雙手緊抓船舷，跪倒在船板，望天叩禱。這時，一位身著紅衣的女神，出現在船桅上，她優雅地盤旋作舞，隨即風浪平息，海上再次恢復往常的波平浪靜，澄碧的天空上，太陽恣意地輝耀著。

眾人死裡逃生，都覺得不可思議。路允迪急忙詢問船上的隨行及水手舵工，剛才所見是何方神靈？船上有一個莆田白塘人李振，對媽祖十分篤信，就稟告路允迪，剛才顯聖救濟的女神是莆田聖墩祠的聖姑。

銅爐溯流
宋元符初莆南六
十里地名楓亭其
溪邊海漂一銅爐
寶色焯然覘者稱
奇是夕托夢楓人
廟如天后顯聖遂建
廟崇奉之

銅爐溯流

宋哲宗元符元年（公元1098年），在湄洲灣畔仙游縣境內，有一處名叫楓亭的港口，是當時南北來往通的水陸要道，市況極盛。

有一天，大海漲潮，居然從海裡漂來一只銅爐，這香爐光彩熠熠，色澤熒熒，不僅不會下沉，還會逆著潮水緩緩漂上岸邊。

人們看到這一奇景，都感到十分驚異，議論紛紛。

晚上，全村百姓都得媽祖托夢。媽祖說：「我是湄洲神，要來這裡為地方造福。」

第二天，村民們虔心敬意地具備香花，奉銅爐於楓亭錦屏山下，建立廟宇供奉，來往商船有禱必得應驗。這就是現今仙游楓亭天妃廟的由來。

後來路允迪返回京城，特地派人前往湄洲島祭拜聖姑林默，並將海上遇難和媽祖救險的經過奏明皇上。皇帝聽聞湄洲聖姑如此靈驗，便親自提筆寫了「順濟」二字，命人製成御匾，送到聖墩祠，懸掛在正殿上。這是皇帝正式敕封給媽祖的第一個封號。

同時，朝廷為感念「湄洲聖姑」長年在海上救難，還下詔將「順濟之田」劃為媽祖的祭田，並減免湄洲島居民的賦稅，藉此表揚媽祖聞聲救難的功蹟。由此，媽祖已不僅僅是民間的信仰，而成為全國皆知的海洋女神。

美麗的海神——媽祖

中國雖幅員廣大，平原、丘陵、山嶽、水流、湖泊沼澤，各種地形都有，但文化的重心，始終是沿著江河發展的。早期的黃河流域是文化的源流地，自不待言，即使後來向南發展，仍不出江南水鄉澤國之區。也許因為這緣故，中國有關水的神話與傳說，幾乎全是與江河有關的神奇玄妙的事跡，海的神話就顯得較少，只說到東海之神叫「禺虢」，北海之神叫「禺京」。

禺虢的容貌是人面鳥身，耳上掛著兩條黃蛇當做耳環，雙腳下也踏著兩條黃蛇；禺京也是人面鳥身，而耳上墜著的是青蛇，腳下踩著的也是青蛇，也有

美麗的海神
雲林北港朝天宮提供

北港朝天宮文化大樓頂樓景觀公園豎立著一尊石雕媽祖像，顯得份外雄偉、莊嚴而祥和，為世人所共仰。

說他叫做禺彊，靈龜得聽他的使喚。他倆還能與黃帝拉上關係，謂禺號是黃帝之子，禺京是黃帝之孫，禺號之子。

後來又有「四海龍王」的出現，人們把海神想像成龍狀，住在深海中由透明五彩的石頭所堆砌而成被稱做「水晶宮」的富麗殿堂內。其神話傳說早在媽祖誕生之前就已廣為流傳。

四海神王按照海域不同而總稱他們為龍王，均屬男性神明，形象醜陋不堪，面目猙獰古怪，又常在海洋中興風作浪，所以比較沒有親和力。而媽祖心地善良，以扶危濟險為己任，加上北宋時期陰陽之行的唯心學說盛行，此說認為天屬陽，地屬陰，水在地上亦屬陰；而男屬陽，女屬陰，水神應為女性才適合五行陰陽之理。同時，佛教自東漢時已傳到中國，按照佛教的說法，觀音菩薩管理南海，而傳說中的林默是觀音托生的，所以林默由人變成神後管海是很自然的。

媽祖成為航海者心目中的海神，還因為她的活動範圍遠遠超過四海龍王所管轄的海域，在國際海洋中神遊護航。四海龍王所管轄的海域，海怪橫行害人，媽祖則能為民伏妖除害，所以在航海者心目中一致認為她是「上帝有命司滄溟，驅役百怪降魔精，囊括風雨雷電霆，時其發洩執其衡」的神明。在她的護佑下，能夠達到「洪濤巨浪帖不驚，凌空若履平地行」的境界，因此，人們虔誠奉媽祖為海洋守護神。

當然，媽祖取代龍王為海神，主要是取決於「允迪路海難事件」後，宋徽宗下詔媽祖「專司海嶽」一舉。這標誌著媽祖信仰以及媽祖的海神地位這時已得到朝廷的承認，媽祖已正式成為江海上的護航女神，且是世界上唯一的大海女神。

託夢建廟

南宋紹興二十五年（公元1155年）的端午節前夕，莆田的白湖海溝上並排著幾十披紅掛綠的龍舟；在溝岸的綠色荔蔭下，搭了幾個高高的擂鼓

古希臘海神

在希臘神話裡，海神普賽頓是天帝宙斯之弟。當這位海洋之王離開宮殿外出時，他首先穿上發亮的胸甲，然後一手執著三叉戟，一手拉著韁繩。他通常駕駛一輛由兩匹金鬃銅蹄白馬所拉著的戰車。當他路過時，大海微笑著為他開道，海豚躍出水面，鯨魚等海洋生物得知牠們的國王駕到時也夾道歡迎，前呼後擁護送他。當他駕臨時，狂風惡浪立即停息，一股清涼的微風吹過來，無垠的碧波波光粼粼，一片歡樂，兩匹駿馬拉著戰車飛馳而過，馬鬃銀白如海浪泡沫。

海神掌管的是變幻莫測的海洋，因此普賽頓也被視為一位難以控制的神祇。他發怒時不但會掀起狂風巨浪，還會發動海嘯衝擊懸崖，震撼峭壁。但在心情愉悅的情況下，他會吹出順風，並使海面保持風平浪靜，加快海員的航行速度。

臺。村裡，家家戶戶忙著掃塵、洗刷，採艾草，準備歡渡端陽佳節。

可是，一場災禍卻在這時從天而降。

僅僅數天之內，村裡的人個個染上了瘟疫，吐瀉不止、腹痛難忍。少數僥倖未病的，也都躲避到他鄉去，這一來反而又把瘟疫傳入了他鄉。興化縣令聞報大驚，急令一批兵士趕到白湖，封住橋頭的進出口，不讓行人出入，以控制瘟疫的蔓延。

絕望的村民在求助無門的情況下，只好祈求神明的保佑。

一位長者拖著衰弱的身體，蹣跚地走進村裡的媽祖廟裡。他無力焚香跪拜，只好躺在媽祖神像前，不斷地禱告：「媽祖，救救白湖子民吧！」

他不知禱告了多少遍，直到他不知不覺的進入夢鄉。夢中，只見媽祖從神座上款款走下，告訴他：「離海濱一丈外有塊圓石，石下有甘泉，喝了便可治癒瘟疫。」

那長者醒來，急忙吩幾個年輕人，按照媽祖托夢的指示去尋找。果然，就在媽祖所說的地方看到了圓石，大家合力搬開大石，頓時湧出一股清泉，取來試飲，甘冽異常。年輕人們把甘泉挑回村裡，分送給病人飲用。

普賽頓海神廟

在神話中，普賽頓居住在愛琴海的宮殿裡，邸宅的地基就在海洋的深處，房頂則在海浪下面。而遺留在亞提卡半島的普賽頓神廟，已經是一座雄渾的廢墟遺址，光榮的斷壁殘垣。它面朝現代的大海，是歷代航海者敬畏的圖騰。

峇里島海神廟

峇里島海神廟是建立在一塊海陸交會的岩層上，潮水上漲時，就成了與世隔絕的海中廟。據當地人的說法，在16世紀時，一位來自爪哇的高僧從峇里島的西岸南下到這邊，被這裡的海中巨石奇觀為之驚豔，認定這裡一定有神靈的現象，所以協同當地村民的力量共同建立這間海神廟。

在海中宛如船隻，轟立著峇里島的六大寺廟之一的海神廟，據說巨石下的洞穴是神化身為黑海蛇時棲身處。海神廟的香火鼎盛，周遭的景緻更是優雅絕倫，尤其是夕陽下，海水碧藍，水波中閃耀著金黃的光彩。

中國神話裡的海神

圖為山海經內提及的海神，由左而右是禺彊、禺虢、禺京。

聖墩順濟廟
台灣媽祖聯誼會提供

聖墩順濟廟是第一個朝廷賜匾的媽祖廟。紹興十九年（公元 1149 年）朝廷大臣李富捐金擴建。次年竣工時，莆田狀元黃公度作《題順濟廟》：「枯木肇靈滄海東，參差宮殿崒晴空。平生不厭混巫媼，已死猶能效國功。萬戶牲醪無水旱，四時歌舞走兒童。傳聞利澤至今在，千里檣檣一信風。」這是有關媽祖的第一首詩作。

那些垂危的病人，一喝下去就止住了吐瀉，恢復了健康。人們紛紛湧向媽祖廟，拜謝媽祖的大恩。

第二天，白湖村人照常熱熱鬧鬧地舉行了龍舟競渡。

興化縣令聞知此事，特地上表報知朝廷。高宗皇帝下詔敕封媽祖為「崇福夫人」，褒揚媽祖「聖泉救疫」的神蹟。

次年秋，白湖村的村民為感戴媽祖的救命之恩，準備將媽祖廟加以擴建。當天夜裡，白湖村的章、邵二姓百姓，共同夢見媽祖指示已經覓得一處吉地，要村民在此建分廟。

原籍莆田的南宋宰相陳俊卿聽到這一消息後，知道媽祖顯靈，即刻親自查勘媽祖夢中所示之地，了解這裡確實是吉祥寶地。於是遵奉媽祖神意，動工興建廟宇，供奉媽祖，並取名為「順濟廟」。自此以後，白湖一帶的海路水途得獲媽祖庇佑。媽祖信仰亦因陳俊卿以宰相之尊大力崇倡，而更為推廣。

生命保護神──媽祖

　　媽祖的神話傳說裡有許多驅疫祛病的事蹟，她是信徒們的生命保護神，除身為海神外，也兼管人間生老病死，保佑生育繁衍。因此在許多媽祖廟裡，除主神媽祖外，多半會配祀送子娘娘、註生娘娘。

　　如天津天后宮供有四位護佑兒童的女神，她們分別是：專治小兒眼病「眼光娘娘」、專治小兒耳病的「耳光娘娘」、專治小兒斑疹的「斑疹娘娘」以及專司送子的「子孫娘娘」。

　　在子孫娘娘前會擺有許多泥娃娃，象徵娘娘神的子孫眾多。已婚不育的婦女在廟會期間，多前往燒香叩頭，供奉食品，祈求娘娘賜子，然後偷一個泥娃娃帶回家裡，象徵「養了兒子」。

　　台灣的媽祖廟裡，則配祀有「註生娘娘」與「十二婆姐」。

註生娘娘

　　註生娘娘究竟所指何人？眾說紛紜。有說是武財神趙光明的妹妹，即雲霄、瓊霄、碧霄三姊妹。合稱「三姑」，統稱為註生娘娘；也有人說註生娘娘就是臨水夫人陳靖姑。

　　按明代著成的《封神演義》述稱：註生娘娘乃是「龜靈聖母」的門徒，雲霄、瓊霄、碧霄三姊妹，三仙姑共掌「混元金斗」（即產盆，另作淨桶），專擅先後之天，凡所有仙凡人聖，諸侯天子、貴賤賢愚，落地先後金斗轉劫，故又稱以「混元金斗」練成法寶。商周時，三仙姑曾聯手幫助紂王抵抗周武王，陣亡後，受

護衛娃娃

雲林北港朝天宮提供

　　在台灣宗教的萬物有靈說中，有關靈魂的奧妙，有一個有趣的說法。傳說中男人是一棵樹，女人是一株花，這一株花冥冥中被註定要開幾朵花。開花就是生育的意思，花的顏色分紅色和白色，紅花生女，白花生男。男女結婚後即照宿命裡被安排的那樣生男育女，這種掌管生男育女的神就是註生娘娘（左圖）。

　　假如花儘是紅花便連胎弄瓦；若儘是白花即連胎弄璋，這時可以請註生娘娘通融一下，換朵白花或紅花，這叫「移花換斗」。若是婚後膝下無子女，也可以求註生娘娘給妳兒女，叫「栽花換斗」。

　　婦女生下嬰兒後，則有十二位婆姐照顧他們不受驚嚇、不要玩水溺斃、玩火灼傷、出麻疹等等。比較常看到婆姐神像是立姿（右圖），用一隻手抱著小孩，額上帶有頭巾，臉部造型具有唐人物畫的豐滿感覺。眼、鼻、嘴的線條頗有敦煌的韻味，比較起來嘴角較深，下巴圓突。整個形象構成顯出婆姐的身體結實，有不怕風霜、歷盡勞苦的風采。

媽祖

21 x 40 CM 木 民國初年
陳炎松蒐藏 劉信宏攝影

大部份媽祖的神像雕刻
其姿態多為正襟危坐,如雙
手捧笏或如意,左手靠椅把
或扶膝,匠師特別想要展現
女性特質的作品並不多見,
在有限的條件下能從作品神
態、表情與線條,展現母性
纖細敏銳特質的佳作此為一
例,無論是細膩線條、精緻
五官、削肩與紋製在在充滿
女性特質,令人印象深刻。

封為「註生娘娘」,奉玉皇大帝金牒,專管人間入胎、出生之事。
又傳說姜子牙大封諸神時,卻未將三人列封,三仙姑遂投訴於玉
帝,玉帝將三人敕封為「註生娘娘」,掌人間胎兒生育之事。

臨水夫人則為閩臺一帶居民崇祀的女神,俗名陳靖姑,唐代
福建地方人氏,傳說她自幼即入閭山向法師習巫術,學法而為人
民斬妖除魔、退瘟疫、解旱災,後來嫁給古田縣臨水鄉的劉某為
妻,懷孕數月時,遇大旱,民苦不堪言,陳靖姑於是脫胎作法祈
雨,後流產而亡,年僅廿四歲,傳說其臨終前遺言她若死後為
神,必廣救難產的孕婦,後陳靖姑被神格化後成為產婦保護神,
百姓在古田縣臨水鄉建廟祭祀她,民間有許多關於她顯靈救治孕
婦的神話故事。大約清朝雍正年間政府解除男子單身入台之禁令
後,開始有大批婦女、兒童得以遷入台灣,臨水夫人信仰也才隨
之傳入台灣而受到普遍祭祀。

註生娘娘手下也有附祀娘娘,稱「婆姐」,一般為十二位。

溫台剿寇

時隔兩年，即紹興三十年（公元 1160 年），白湖村的外海忽然出現了一艘揚著黑帆的船隻。

「不好了！」村中長老派出的年輕人在探知海盜將前來洗劫以後，急忙返航，他從江口一路大聲呼喊：「盜賊快上岸了！大家快收拾細軟逃吧！」村民們聽得膽戰心驚，但都不知該往哪兒逃，只好紛紛奔往廟裡，對著媽祖哭喊悲號。

正當村民慌成一團時，流寇劉巨興所率領的海盜船正朝著江口逼近。

倏地，媽祖神靈現空，海上狂風大作，煙浪滔天。劉賊眼見情勢不對，急忙逃離了這片海域。但他賊心不死，幾天後又再次進犯莆田海口。這使媽祖很惱怒，她即刻顯現神威，一面在海上掀起大風浪，一面鼓舞官兵士氣，以緝捕這班盜賊。一時間，船艦翻覆，滿船的海盜跌落海中，有的泅泳至岸上被官兵擒捕，一班海賊就此銷聲匿跡，不再為禍東南海域。

消息傳至朝廷，宋高宗十分高興，立即加封媽祖為「靈惠昭應夫人」。自此以後，東南沿海安靖了十數年。

至孝宗淳熙年間（公元 1179 年），台府、溫州二府一帶海域，又傳來海盜打家劫舍、掠奪海上商旅的消息，朝廷於是派遣福建都巡檢使姜特立前往征剿海上草寇。

小小心願

台南正統鹿耳門聖母廟提供
蘇明佑攝影

媽祖廟裡的籤筒通常與籤枝、籤詩合用。籤筒通常置於神桌的旁邊，高度及腰；亦有置於供桌上的則較短，材質有竹、木或金屬，內置籤枝。籤枝與籤詩的數目一致，上面記載著籤詩的首別，通常供信眾問神擲筊時求取，並透過籤詩來瞭解神明的旨意。籤詩一般有三十六首、六十首、一百首、一百二十首等區分，有吉有凶，最吉的籤稱為「上上籤」或「籤王」，最差的為「下下籤」。

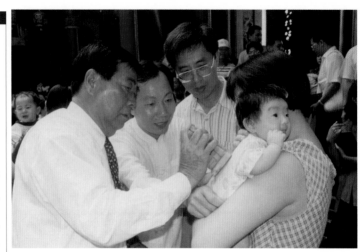

媽祖主宰婦女生育，也扮演著護幼娘娘的角色。因此新生兒若常生病不容易養大，父母們就會透過「契神」儀式，拜求媽祖，讓他的子女認媽祖為乾娘，請媽祖暗中保護嬰兒長大成人，出人頭地。

契神常在媽祖壽誕日舉行儀式，需在神像前「立誼書」，孩童行拜禮，象徵成為媽祖義子而得其隨身庇佑。有契神的孩子長大結婚時，一定要在結婚前一天拜天公和謝媽祖，表示這人已長大成人，也感謝媽祖在其成長過程的保佑。

媽祖的故事

姜特立領命帶領大批水師進入海域，企圖將這群盜賊一舉成擒。船行不久，守望兵的號角嗚嗚響起，姜特立遠遠地看見海盜密密麻麻的船隻向自己逼近，敵人陣營的強大竟遠遠超過他的想像之外！

姜特立憂心忡忡，思忖片刻後下令迎戰。但賊黨頑強地抵抗他們的攻擊，一時間，密如雨點般的利箭向戰船射去，官兵們被迫後退。經姜特立大聲疾呼，他們又鼓舞起來，全軍人馬如浪濤一樣洶湧前進，但結果也如第一次攻擊一樣，海盜給與迎頭痛擊，他們死傷狼籍，成隊的人在甲板上哀號。

這時，海上出現異象，只見烏雲密佈，雷電交加，在雲端深處隱約浮現一輛旗幡閃耀的鑾駕，上頭坐著女神，對著海盜揮舞令旗，頓時狂風大作，海盜船隊即刻潰不成軍。

官船見機不可失，連忙乘風長驅，直取海盜船隊。一場激戰下來，官兵大獲全勝，且俘獲賊首及部份海盜，其嘍囉則倉皇四散逃命，一舉解決了溫、台兩府的心腹大患。

後來姜特立將媽祖顯靈助陣的神蹟上報朝廷，宋孝宗為感激媽祖，特加封她為「靈慈、昭應、崇善、福利夫人」。

文峰天后宮

　　文峰天后宮位於福建省莆田市城廂區文獻東路，現存清建三代祠及梳妝樓，金碧輝煌雄偉壯觀。媽祖信仰源遠流長，在媽祖信仰形成以後的一千年中，媽祖從民間稱呼的「通玄神女」，到獲得朝廷的封爵，由「夫人」而「妃」而「天妃」以至「天后」、「天上聖母」，累封徽號長達六十八字，為其他諸神所未有；媽祖的香火從福建莆田市遍播大江南北、以至世界各地。這一切，都與古白湖順濟廟及今文峰天后宮的作用和影響有極大的關係。

　　宋代的興化城東門外五里的白湖渡（今城廂區闊口村），是興化的主要通商港口，各地商船匯泊於此，稱白湖水市。史料記載，紹興三十年，白湖一帶受到流寇的騷動，媽祖神靈現於空中，賊懼而退，因而朝廷加封「靈惠昭應夫人」，從此，白湖廟成了興化軍地方長官舉行官祭的唯一場所。

　　白湖水市海運碼頭商舟雲集，白湖廟香火興旺。建廟後60年，即嘉定年間重建寢殿時，陳宓在《白湖順濟廟重建寢殿上梁文》中說：「今仰白湖香火，幾半天下。」當時白湖廟香火已傳播南宋半壁江山。

　　南宋時期，媽祖被普遍稱為「白湖妃」，取代了北宋時期「寧海神女」的稱譽。足見宋代白湖廟香火有無與倫比的興盛。

　　元代漕糧由江南海運接濟大都（今北京），對海上保護神媽

毛呢刺繡媽祖龍袍
台中大甲鎮瀾宮提供

　　袍前襟正中繡坐龍，下繡鯉魚躍龍門，下跟繡海浪紋，連袖，背繡五團龍。

文峰天后宮
台中大甲鎮瀾宮提供

　　宋代江西新淦人趙師俠有《莆中酌獻白湖靈惠妃》詞三首，有句說：「舳艫萬里來往，有禱必安全」。莆田著名詩人劉克莊《白湖廟》詩，也有「靈妃一女子，瓣香湄洲」，「封爵遝薦貴，青圭散朱旒」，「始盛自全閩，俄遍于齊州」等句。

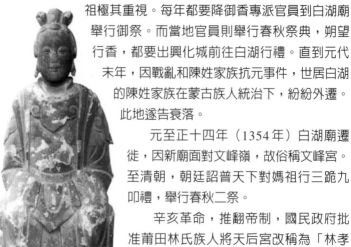

這尊85公分高，重量高達25公斤的媽祖神像，是宋代第一尊朝廷敕封的媽祖神像，是目前文獻記載，世界上保存最久的媽祖神像，距今已有八百年歷史。媽祖神像頭梳「媽祖髻」，高額高鼻，臉頰豐滿，雙耳低垂，身著蟒袍、雲肩，佩玉帶，雙腳纏足，袍原為紅色，漆已退，呈灰褐色。衣紋線條簡單，刀法洗練。

媽祖的故事

祖極其重視。每年都要降御香專派官員到白湖廟舉行御祭。而當地官員則舉行春秋祭典，朔望行香，都要出興化城前往白湖行禮。直到元代末年，因戰亂和陳姓家族抗元事件，世居白湖的陳姓家族在蒙古族人統治下，紛紛外遷。此地遂告衰落。

元至正十四年（1354年）白湖廟遷徙，因新廟面對文峰嶺，故俗稱文峰宮。至清朝，朝廷詔普天下對媽祖行三跪九叩禮，舉行春秋二祭。

辛亥革命，推翻帝制，國民政府批准莆田林氏族人將天后宮改稱為「林孝女祠」加以保護，因此清建三代祠和梳妝樓等原建築物現仍完整保存。至公元1999年初夏，莆田林氏家族將先祖秘藏於家裡的一尊文峰天后宮宋代木雕媽祖像奉還宮中。像高72公分，圓雕手法簡古，敷彩顏色尚依稀可見。應是白湖廟（公元1159-1190年）封妃以前奉祀的夫人像，亦即媽祖剛開始得到朝廷封爵的神像，迄今已800多年了，彌足珍貴。現安座在三代祠右廂，瞻仰者絡繹不絕。

一家榮封

時光流轉到了宋寧宗慶元四年（公元1198年）。這一年，福建大奚一帶流寇海盜到處作亂，而且氣勢甚囂塵上。地方官員屢剿屢敗，頻頻向朝廷求助，朝廷因而派令福建水師前往征剿。福建官船在出師前敬請媽祖香火登舟，逕赴前敵。

艦隊剛出航，官軍就與賊寇相遇海上。然而賊船居於上風，官軍卻處於不利地位，兩軍數度交鋒，戰船都無法稍越雷池一步，如此足足九天，戰況陷於膠著。

到了第十天，水師主帥率全體官兵祈禱媽祖，頃刻之間，海面頓起大霧，風向反轉，官軍船隊開始遷於上風，賊船節節敗退，漸漸招架不住。

這時，媽祖在雲端出現，她以神光示現，令我明敵暗，就在敵軍陷入昏黑之際，官軍船隊乘機衝突而進，海寇大敗，賊首就擒。餘賊有的落水，有的潰逃，全被掃蕩一盡。

媽祖的家 ——賢良港祖祠

現莆田市山亭鄉的港里村，宋代稱為賢良港，又名黃螺港，位於湄洲灣北岸莆禧半島南端，與湄洲島遙遙相對。

在賢良港海濱山岩上，立有座雄偉壯觀的天后祖祠，坐北朝南，依山面海。明永樂十九年（公元1421年），祠壞，地方官奏聞，朝廷欽命太覽整修致祭。清順治十八年（公元1661年）以對抗明鄭軍事活動，沿海截界清野，港里村人及祖祠神主、寶像內遷涵江。

康熙二十年（公元1681年）復界，祠已盡毀，裔侄孫麟火昌發起重建，向涵江迎回列祖神主、祖姑寶像，涵江人要留下寶像不肯送回，雙方因請筊卜問，得九十九聖筊，涵江人遂具船禮送寶像返港。乾隆五十三年（公元1788年），聖旨諭天后本籍祠宗，令地方官春秋二祭，皆由官府折銀付給該村子百姓在本祠進行。天后祖祠於1984年整修，現為福建省文物保護單位。舊時，民間有「媽祖回娘家」謁祖的傳統習俗，各地進香團往湄洲進香，必先奉媽祖鑾駕在賢良港祖祠舉行謁祖儀式後，才從賢良港碼頭渡海去湄洲祖廟「請火」。

右圖為2002年時由台灣媽祖聯誼會出資復建的媽祖故居。

由於這次媽祖的神蹟顯赫，朝廷決意對媽祖大肆褒揚，特封媽祖爲「靈惠助順妃」，並差官追封先世。

宋寧宗慶元六年（公元1200年），仙游教授王里奏請朝廷：「以神妃護國庇民，功參玄造，人本乎親，慶自先貽，宜贈封神妃父母。」於是奉旨敕封媽祖聖父母及兄姊。

初封妃父林維愨爲「積慶侯」，改封「威靈侯」，又以顯赫有俾民社而加封爲「靈感嘉祐侯」；

封母王氏爲「顯慶夫人」；

封兄洪毅爲「靈應仙官」；

封諸姊爲「靈惠夫人」。

金山攻寨

宋寧宗開禧元年（公元1206年）冬，金國將領僕散揆率兵侵犯中原，被宋軍圍困在八疊灘之中。他用重金收買了當地一個無賴做嚮導，以金蟬脫殼之計，帶著殘兵餘眾，從八疊灘偷偷逃出了重圍。

僕散揆死裡逃生，又無顏回金國，就聚嘯山林，佔山爲寇，到處姦淫婦女，放火殺人。方圓數十里內，百姓不得安寧。探馬飛報朝廷，宋寧宗皇帝派出大將軍畢再遇率軍前往征剿。

賢良港祖祠

台中大甲鎮瀾宮提供

臺灣開放大陸探親以來，到賢良港謁祖朝聖的臺胞進香團絡繹不絕，逐年增多。大甲鎮瀾宮並率團前來祖祠奉請媽祖聖父母神像渡臺，臺灣電視臺隨團錄影在臺連月播映，引起極大反應。

大軍來到金山腳下，畢再遇將軍命令兵士安營紮寨，自己帶領幾名親兵來到山前觀察地形。但見金山奇峰崢嶸，林木蓁蓁。山寨建在金山主峰頂上，四周懸崖峭壁，實在是易守難攻。

畢將軍心想：金山高險，山寨堅固，若是貿然硬攻，勢必傷亡慘重。但聖命在身，又怎能按兵不動？他只好下令向佔據山寨中的盜寇全面進攻。宋軍一連攻打了幾天，不但無

法靠近寨牆一步，反而傷亡了不少人馬。

畢將軍十分沮喪地回到帳中，想來想去，無計可施之際，聽到傷兵斷斷續續在叫喚：「媽祖保佑！」

將軍心頭一緊，立即走到帳外，向天禱告：

「弟子畢再遇，叩拜神姑；金人犯順，北顧貽憂；王師征戰，屢遭失利。令期緊迫，破賊無計，伏祈神示，懇求助力……」

當晚，正是夜深人靜，畢再遇在營房裡熟睡。他在夢中看見他最敬重的媽祖，站在他的床頭對他說話：「立即帶領你的戰士，準備打仗。你等若銳志克敵，臨陣之時，吾必威助宋軍。」

畢將軍一覺醒來就立即起床。他穿上戰袍，荷劍執仗，在清晨的霧靄中大踏步向軍營走去。他叫來傳令兵，命令全體將士立即集合。

聖父母殿

雲林北港朝天宮提供

宋寧宗慶元六年，朝廷以神妃護國庇民，功不可沒，於是頒詔封神妃的父林惟愨為「積慶侯」，又改封為「威靈侯」。妃母王氏為「顯慶夫人」。清仁宗嘉慶六年，追封后父林公為「積慶公」，封后母王氏為「積慶夫人」，合稱聖母，目前也隨祀在北港朝天宮、大甲鎮瀾宮等媽祖宮廟中自成一殿。

聖父母殿內奉祀媽祖父母牌位、聖父母神像，每逢聖父母壽誕，均有祭典。

媽祖父親：積慶公林惟愨（農曆 三月廿二日聖誕）。

媽祖母親：積慶公夫人王氏（農曆 八月 八日千秋）。

大地母神迪密特

藏書票 楊永智提供

媽祖亦是水利之神。在希臘神話裡也有一位專司萬物生長和五穀豐收的大地母神迪密特。由於她將寶貴的種種供給人類，並傳授人們農業知識，因此古希臘人非常崇敬她；紀念她的祭典活動在氣派和莊嚴方面都超過其他的一切宗教慶典。

「弟兄們！」畢再遇高聲說：「今天是我們殲滅金人的日子。請各位馬上磨利自己的劍矛，備好盾牌和馬匹，準備同金人決一死戰。根據昨天夜裡媽祖顯靈指示，我們將在今天把金人的山寨摧毀。」

畢再遇說完後，官兵們摩拳擦掌，高興得又喊又叫。他們紛紛拿起武器，宋軍營裡到處人聲鼎沸。過了一會兒，太陽從東方昇起，萬丈光芒照著大地，使宋軍的盾牌、長矛熠熠生輝。畢將軍雄赳赳地指揮部隊向前推進，大軍來到山寨底下的花驪鎮。

這時，僕散揆得到探子的報信。一聲令下，立即準備反擊宋軍。金人把寨門全部打開，勇士和戰馬像潮水般往外湧出，聲勢浩大。

當兩軍逼近，即將交鋒時，媽祖突然現靈雲端。此刻，宋兵仰望空中，竟出現萬馬千軍馳逐之狀，全體官兵知道這是神力庇護，因而奮勇前進。賊首僕散揆被宋軍火炮擊中、粉身碎骨，其餘部眾見狀，驚駭得面無血色，紛紛逃命。這時，大隊宋軍乘機掩殺過去，攻下山寨。不到幾個時辰，就擒獲賊兵數百人，大獲全勝。

時隔不久，金兵再次聚眾進犯合淝。經過數天的圍城，城門終於被擊破。孔武有力的金兵元帥揮舞著發亮的巨斧如閃電一樣地衝進去。他的戰士們蜂擁在他的後面，齊聲吶喊衝進圍牆，合淝城眼看就要被攻破。

霎時，晴空傳來一陣巨大的咆哮，接著空中旌旗閃耀，從雲層裡傳來鏘鏘的劍戟相交之聲，金兵目睹這一異象，無不戰意全消，不敢再戰，等到援軍抵達，金人更是無心戀棧，立刻鳴金收兵，且戰且退，合淝之圍終於解除。

宋寧宗聞奏媽祖神兵蔭助破敵，立即加封「顯衛、助順、靈惠妃」，以報答她的護國大功。

錢塘助堤

浙江省杭州城南有條錢塘江。江水浩浩蕩蕩，奔騰呼嘯，直瀉東海；入海處，江面廣闊，海天相連，波濤萬頃。每逢農曆八月十八日，海潮上漲，滔滔江水，巨浪沖天；洶湧澎湃，聲震百里，景象奇特，蔚為奇觀。

錢塘江北岸，百里長堤圍護著秀麗的杭州城。宋理宗嘉熙元年（西元 1237 年）的金秋八月，錢塘江大潮特別浩蕩，翻滾的海濤猶如萬雷轟鳴。忽有一日，江堤決裂，洪水像一群狂暴不羈的猛獸，吞噬著堤內大片田園和民宅。一時哭聲震天，百姓紛紛逃難……

杭州太守聞報，立即傳令百姓，奮力抵抗洪水。但是，百姓驚慌，紛紛避難。太守束手無策，眼看大勢不好，也忙著叫家眷收拾細軟，準備逃出城去。

危急關頭，太守府內一個名叫王熙蓮的女婢，赤著腳奔上街頭，大聲呼叫：「鄉親們莫驚慌，媽祖娘娘下凡救難啦！」

「大家同心協力去修堤，媽祖帶領天兵天將來幫助我們了！」

她一邊招呼逃難的人群，一邊指著霞光萬道的天空說：「看！媽祖來了！媽祖來了！」

江浙水濱的民眾一向信仰海神媽祖，一聽到王熙蓮的呼喊，全部停下倉皇的腳步，仰望空中。只見天空忽然湧出一陣雲彩，霞光中隱約浮現媽祖的身影，大家頓時勇氣百倍，都紛紛轉回，跟著王熙蓮奔向決堤的地方。

頃刻之間，媽祖的神威召集了數萬築堤大軍。一包包沙袋紛紛拋落水中，一塊塊石頭重重沉入堤底。大家夜以繼日搶修築塞，崩潰的大堤終於修復，杭州城也因此遠離水患的夢魘。

為了感念媽祖解除泛圯之患，大家集資在艮山門外修建了一座「順濟聖妃廟」，朝廷也正式誥封媽祖為「靈惠助順嘉應英烈妃」。

中國的雨師
山海經

「屏翳」是中國遠古神話中的雨神，他住在東海之上，時人稱之為「雨師」；神農時，他的肩上及胸前披著由樹皮製成的斗篷，身圍著同樣由樹皮串連而成的短裙。他降雨的方法是拿著一只泥製的大盤，裡面滿盛著水，爬到山上，折下一叢樹枝，浸在大盤的水中，然後揮動著沾有水珠的樹枝。頃刻間，濃雲密佈，暴雨驟降，溪流暴漲。他把這種神枝傳授予神農，神農之世得以不為乾旱所苦，農耕得以肇始。

水利之神

在媽祖傳說中有許多天旱求雨、天澇祈晴以及助農業生產的故事，這說明了媽祖具有控制水的靈力，她能去影響雷公、龍王、潮神等神靈，對農業水利及堤壩修築也有不少影響。

因此，每年媽祖出巡時，神轎會特別繞過某些插香做記號處。據說，該年若遇氾濫之水，必然會繞過此處，不侵莊社。

濟度饑荒

執士隊是媽祖出巡時最重要的儀仗隊伍，身負護駕的重任。一般執士的兵器都是用木頭製作，北港朝天宮則藏有錫製儀仗共七十二隊。其中，不同的兵器，各自象徵不同的神祇，各有其傳奇的典故。如「龍頭杵」掌前鋒，關帝君的「偃月刀」如帝親臨，「大斬刀」斬心術不正之人，另有作為降魔護法的、賜給女神專用的、烙在歹人身上做記號的……等。這些兵器在神力的佑護下威力無邊，也讓人一窺傳統信仰的豐富想像。

宋昭元寶佑元年（公元1253年），莆田、泉州一帶旱澇相繼，五穀欠收。官府不顧百姓死活，強令當年糧賦一律不得免，並以佈告召示人民：在限期內未悉數繳納糧賦者，發配五百里充軍。

佈告一出，富豪奸商立刻趁火打劫，囤積居奇以操縱行情、哄抬物價，一時米貴如金，許多貧苦人家只好用草根樹皮充饑填腹，日夜焚香禱告，祈求媽祖濟助，以度過饑荒。

過不了幾天，廣東的都市埠頭出現了幾個年輕的女乞丐。她們操著興泉口音，頭梳帆形髮髻，裝扮也都相同，穿著不雅不俗，神態不卑不亢。每人手裡抱著一筒梆鼓，以淒婉清亮的聲調，和著梆鼓「鐺、鐺、鐺」的節奏，齊聲唱道：

「福禍無常實堪憂，
興泉苦旱災臨頭。
赤地千里禾枯盡，
斗米百金無處求，
可憐芸芸萬千眾，
面對蒼天淚橫流。……」

當地人好奇，細問緣由，才知道她們是遠從興泉千里迢迢流浪到這裡的，都十分同情她們，紛紛贈衣賜食。可是她們卻不肯收，都說：

「恩人能救民女數命，難濟興泉二郡百姓。不如以慈善之心，勸米商大戶把米販運到興泉出售，才是大功大德呢！」

有人把這個消息傳給了幾家米商大戶，勸他們把原來準備運到浙江、上海的米船轉運到興泉，包管獲利數倍。商賈無不動心，於是欣然前往。

不久，興泉兩地湧來了大批米商，裝運米穀的船隻擠滿了港口埠頭。這樣一來，不但米穀供過於求，價錢猛跌；且又剛好遇上颱風，風浪無常，商人無法把米船轉運別處，只得忍痛在當地賤賣，終於解除了這次大饑荒。

米商虧了本錢很後悔，都說上了興泉帆髻女乞丐的當。當地人卻覺得奇怪，想：這一帶雖然遭災，但以往興泉的姑娘寧願餓死，也不肯拋頭露面、流浪討乞的。況且，只有湄洲島才有梳帆形髮髻的女子；而島上都以討海為生，旱災對她們並無多大影響，是不會流浪到廣東去討乞的。

到底是何方女子使得廣東米商紛紛湧到興泉呢？這成了一個解不開的謎。那些蝕本的米商，臨行前順便去拜媽祖，夜裡夢見媽祖對他們說：

「你們雖然虧了點本，但救了興泉人，積了陰德。願你們今年生意興隆，財源廣進。」

後來，這些客商果然發了大財。這時，他們才悟到，原來是媽祖顯靈，讓他們來興泉救災的。

火燒海賊

宋理宗開廣元年（西元 1259 年），海賊陳長五兄弟等人，在海上橫行霸道。他們常出沒於漳州、泉州、興化之間，大肆燒殺搶掠，鬧得這些地方雞犬不寧，民不安生。

海賊逞兇的事震動了朝廷。理宗皇帝即命憲使王鎔率兵限期剿滅。誰知海賊十分狡猾，官兵大隊征剿，卻不見海賊的影子；而官兵稍一懈怠，海賊便四處活動，屢屢作惡。

官兵們疲於奔命，對這群海賊根本束手無策。時間過了八個月，眼看朝廷的期限就要到了。這一天，憲使王鎔帶著隨從，親自到媽祖廟燒香拜禱，祈求媽祖助戰滅寇。

再說海賊陳長五因作惡多端，夜裡經常被惡夢驚醒，心裡惶恐不安，也想求得媽祖保佑。有一天，陳長五帶幾個賊兄弟悄悄潛入媽祖廟中，制伏了廟祝，有模有樣地抽籤卜卦，奇怪的是，一行人所求的靈籤竟皆

泉州自唐代起就是中國對外海上交通的重要口岸。到宋朝中期已躍居東南四大港口之首。元代因漕運更盛。泉州的天后宮始建於宋慶元二年（公元1196年），在元代時曾擴建數次，是現存媽祖廟中建立規格最高、規模最大，年代最久的一座，並唯一經國務院審定公布為全國重點文物保護單位。

歷史上，媽祖故里莆田一度隸屬古代東方第一泉州管轄，由於泉州民眾不斷向外移民和進行貿易活動，媽祖信仰遠播中國內地及台、港、澳各地。

爲下下籤，陳長五等人惱羞成怒，便把神器統統摔在地上，還脫光了衣服，躺在神案上呼呼大睡，有意褻瀆神靈。

就這樣睡到半夜，那些推落在地上的香燭突然無火自燃，同時，自廟中捲起一陣怪風，這風吹向燭火，燭火見風就長，火勢熊熊地直撲眾賊。頓時，眾人頭髮鬍鬚都被燒得精光，狼狽地逃回船上。

第二天早晨，陳長五一伙人在睡夢中被金鼓轟鳴聲驚醒。他們向四周看去，只見無數官船已把他們團團圍住。眾賊雖然拚命抵抗，終不是王鎔的對手，賊首陳長五被生擒，賊眾慌了手腳，四散逃命。王鎔率兵追至興化莆禧，再擒陳長六。官兵乘勝追擊，又在福清俘獲陳長七。

王鎔回到京都，向理宗皇帝啓奏媽祖聖蹟。理宗皇帝敕封媽祖爲「顯濟妃」，並撥銀萬兩，重修湄洲祖廟。

祐護漕運

歷史進入元朝。

文宗至順元年（公元1330年）春，朝廷進行大規模的糧食運輸，派出漕運糧船共七百八十艘。大艦隊從江蘇太倉劉家港出航，向著京城方向駛去。

海浪緩緩地拂打著船底，船艙裡堆滿了大量糧食和其他物資。多少海岸，多少海島不知不覺過去了，大風揚帆，波濤洶湧，海面蔚藍，僅在船艦後面有一線雪白的水花。

官兵們原以為可以平安到達直沽港口，沒想到行到北海，大颶風突然來襲，一時天昏地暗，颶風捲起千重山，七百艘糧船傾在旦夕，萬人生命懸於一線，萬石官糧即將毀於瞬間。

此時此刻，萬人呼泣，他們哀號……但君皇在哪裡？大官在哪裡？父母在哪裡？兄弟在哪裡？文人雅士在哪裡？史官道學在哪裡？一萬官兵船工在走投無路之下，唯有大叫「媽祖救命！」媽祖，只有媽祖，聞聲救苦救難！

她來了！闃黑的空中有朱衣翠蓋顯現，只見媽祖鳳冠霞披，神火常隨，纖手一揮，所有船艦的桅干上都罩在一團如同彩虹一般的火光裡。少頃，風平浪息，七百艘四散的糧船得以集合在一起。

這時，又聽到空中有聲音道：「先到東南方的孤島暫泊。」

押糧的官員聞言大驚，趕緊指揮船隊往東南方向急駛。不久，果然看見一座孤島。於是領航官下令所有船隻靠岸，暫時停泊。

神異的是，船隻才一開始下錨，海上忽又狂風大作，暴雨傾盆倒瀉，聲勢駭人，船隊若非駛進孤島，恐怕會在一瞬間被大海浪吞噬。

泉州聖母

上圖／台灣媽祖聯誼會提供
下圖／楊永智提供

上圖為泉州媽祖廟內天后聖母金身。

下圖為泉州天后宮正殿前的聖旨牌。

泉州天后宮戲台
楊永智提供

泉州天后宮三川殿內的
戲台。

　　大風雨肆虐了整整一天，至次日，天晴海靜，船隊準備
啓程。爲了報答媽祖的救命大恩，押糧官傳令全體千餘人向
湄洲方向叩首三拜。這才起錨出發，一路平安抵達直沽，順
利將糧食運進京裡。

　　官員將媽祖顯靈的神蹟上報朝廷，皇帝聽了，感念不
已，便敕封媽祖爲「護國庇民廣濟福惠明著天妃」，並賜下匾
額「靈慈」，以謝媽祖聞聲救難。

媽祖助漕運

　　媽祖信仰到元代得到迅速的傳播，除航海原因之外，還與元代漕運改為海路有關。

　　所謂「漕運」是指朝廷將所徵糧食運往京師或其他指定地點的運輸。元朝在大都（北京）建都
之後，大都成為政治和文化中心，但是當地並不是經濟中心，地方需要的糧食必須仰仗於江南，每
年要從南方運粟三百萬石。但是運河投資大，又多失修，只靠運河已經深感不足，因此至元十九年
試航成功後，漕運由運河改為海運。

　　利用海路運糧風險是很大的。為了安定民心，以搭救遇難海船為己任的媽祖便成為朝廷欽定的
航海保護神。於是，媽祖在保護漁業、商業民船外，還多了一項保護漕運船民的職責。舉凡與漕運
有關的沿海城鎮，如泉州、福州、廣州、直沽等地，均先後建起媽祖廟或天妃宮。每逢糧船安全抵
達港口城鎮，人們都要到媽祖廟去酬謝這位航海女神，而且祭媽祖已成為當時國家祭典之一。

第四章

天后的神蹟與慈悲

明朝屢派大臣乘船出使外國，亦多倭寇騷擾，是以媽祖信仰不惟更為發展，且隨船工舵手信徒飄洋過海，遠達世界各國。

清代因與鄭明之爭，清將皆廣為傳播獲庇於媽祖之說，遂使媽祖信仰如日中天，迄今成為全國最普及的信仰之一。

湧浪浮舟

明太祖洪武七年（公元1374年），泉州衛指揮周坐率領水師巡邏海上。

半夜，一場風暴突然襲而來，官兵們立即收下帆，準備進港避風。沒料到月黑風狂，哨船竟擱淺在礁石上，隨時都有翻覆的可能。

周坐見狀，便召集所有官兵跪在船板上，求助媽祖庇佑。不久，忽於黑夜之中降下神火，輕輕迤邐在桅杆上，頓時將整艘船照耀得火亮。緊接著，一個巨浪躍起，船隻隨即蕩浮，從峽隙越過磯北，順流平安駛到岸邊。

後來周坐返回泉州，他感念媽祖救命之恩，便在泉州建蓋了一座天妃廟，以報答神功，並且訂購了許多木材，準備赴湄洲修整祖廟。

當時，主要的杉木建材遲延抵達泉州，並未來得及裝船運往湄洲。然而，周坐訂購的這批木材卻奇蹟式的順流漂到湄洲，打撈起來後，大家才赫然發現每根木材上竟現出「天妃」二字，無一失落。

消息傳遍整個湄洲島，人們對此無不稱奇，認為是媽祖顯靈，於是全島動員加入周坐整建祖廟的工程，將寢殿、香亭、鐘鼓樓、山門……等一一翻新，又重塑了一尊媽祖寶像，綵旗鼓吹地奉祀在正殿，讓媽祖受到更多人的尊敬與禮拜。

木雕媽祖

清朝 台中大甲鎮瀾宮提供

民間供奉的神像，如以木材雕刻，其製作過程非常繁複，涉及工藝製作以及宗教信仰目的，包括：決定神像大小尺寸，選擇合適木材，擇吉開斧，打胚（粗雕），修胚（含砂磨），開面（臉），擇吉入神，打底，褙紙，著色，粉面（臉），牽漆（粉）線，安金箔，畫面，植鬚，擇吉開光點眼……等流程，總稱為「粧佛」。

藥救呂德

　　明太祖洪武十八年（公元1385年），興化衛指揮官呂德，奉命出海鎮守邊關，平定海亂。不料於赴任途中，忽然染上重病，雖然請了許多名醫，病情卻仍不見好轉，反而日益加重，危在旦夕。

　　早已病得身不能動、口不能言的呂德，在自己生命垂危的時刻，仍然心繫海疆的戰事。他想：自己奉命剿寇，出師未捷，身染重病，三軍群龍無首，怎麼也不能死啊！

　　正想著，他恍惚見到一位雍容華貴的女子從門外飄然而至，款款走到病榻前，牽起自己的手腕，輕輕地在上面按了按。

　　過了一會兒，又喚一侍女進屋。那侍女長得很秀氣，端著小盤，從門外輕輕走來，說：「天妃娘娘，丸藥在此。」

　　只見那丸藥像瑪瑙般晶瑩剔透。娘娘讓侍女掰開呂德的嘴，把丸藥輕輕地放入他口中。頓時，呂德覺得滿口清香，久久不散。

　　藥入口不久，呂德突然感到腹脹，肚裡像翻江倒海，劇痛難忍，昏睡了過去。待他清醒過來時，感到喉嚨一

長樂縣吳航鎮有南山寺塔，建於北宋徽宗年間，明鄭和下西洋，每次船隊都到此泊港候風。永樂十年（1412年），鄭和第四次出使西洋前在太平港候風時，為酬謝媽祖保佑，奏請明成祖恩准在長樂南山塔東面的三峰塔寺旁，建造一座雄偉壯觀的「天妃宮」，作為船隊官員祈福和酬神之處。

清乾隆二十六年（1761年）媽祖移祀吳航頭附近新建的「天后宮」，而把原南山天妃行宮改為「吳航書院」。1985年為紀念鄭和下西洋開航580周年，而在「天后宮」和名塔「三峰塔寺」舊址上興建鄭和史蹟紀念館。長樂市內的南山公園亦改為「鄭和公園」。

熱，「哇」地一聲吐出了兩團血塊。這一吐，讓他覺得神清氣爽，第二天就已經能夠下床走動，飲食如常了；幾日後，病體便完全康復。

　　大病初癒的呂德，顧不得應該休養歇息，反而立刻傳令官兵起航，繼續進發。之後，不但戰局順利，且迅速平息了海亂。

　　回到興化府後，呂德便準備向朝廷薦報媽祖的功德。當天夜裡，他夢見媽祖對他說：

　　「將軍切不可如此。賜藥治病之舉，乃觀音菩薩指示我做的，你當敬奉觀世音大世！」

　　呂德叩首感恩，遂捐金在媽祖廟附近建了一座觀音廟，這是湄洲觀音堂的由來。

金山媽祖

鄭和下西洋

在福州洪德的金山寺裡，有一間寬敞的媽祖廳，供奉著媽祖女神。金山寺怎麼也有媽祖廳呢？話還得從鄭和下西洋的時候說起。

明朝永樂年間，三保太監鄭和奉朝廷欽命，開闢海上航線通使西洋。鄭和領旨後，暗暗思索：大洋迢迢，風浪險惡。要出使西洋，宣威海外，沒有龐大的船隊怎能平安渡海過洋？

於是，他決定先組建船隊，並起了個吉祥的名字叫「萬安」。之後又四處尋找造船的地方，同時建幾個船廠，其中一個就設在福州洪塘鎮的金山寺。

這金山寺位於閩江邊靠岸不遠的一個小島上。寺前江面寬闊，水勢平緩；寺旁有一座為航海人引航的金山塔；而寺後則是一大片平坦的沙灘。

洪塘人聽說鄭和要在金山寺造「萬安船」，都紛紛趕來幫忙。運木材、鋸船板、洗衣、送菜，大家分工合作。不多久，二十五艘「萬安船」就造好了。鄭和就在金山寺建了媽祖廳。

「萬安船」要啟航駛往集中地的那天，洪塘人都趕到江邊送行。

只見鄭和按出海人的習俗，虔誠地走進媽祖廳，在媽祖神像前焚香點燭，拜了三拜，然後輕聲祈禱：

「大慈大悲的媽祖在上，鄭和祈求保佑大明王朝的船隊，一帆風順，平安抵達西洋！」

祈禱完畢，鄭和命令兵士抬著媽祖金身，鳴炮敲鑼，在江邊遶境一周，然後令二十五艘「萬安船」依次下水，啟航離開金山寺，徐徐出海。

紅燈導航

明成祖永樂三年（公元 1405 年），朝廷欽差太監鄭和奉命，第一次下西洋。

船隊從蘇州啓航，在海上平穩地航行了十幾天，由於事先觀察過天氣，儘管遇到到航線不熟、水情不明等問題，卻也未出過什麼意外變故。可是，沒料到當船隊進入大西洋之後，連續航行了三天三夜，四周仍然是無邊無際的大海。

天是藍的，海也是藍的；天一望無際，海也一望無際，簡直無法分辨是在海上航行，還是在天上航行。如果不是那輪已經偏西的落日告訴他們，船隊仍然在向西行駛，否則，根本無法辨別方向。

「鄭總兵，現在我們究竟到了什麼位置？」副使王景弘憂心地問。

「還是看看海圖再說吧！」鄭和一邊說一邊掏出隨身的海圖。可是，他們還沒來得及查閱，太陽已經被一大片烏雲遮住。與此同時，大片大片的黑霧迅速向船隊聚攏，天色立即暗沉下來，幾乎什麼也看不見。

「不好，大風馬上就要來了。傳我命令，各艘船立即降下風帆。」鄭和剛把海圖收藏妥善，已經是狂風驟起，浪濤翻滾。四十四丈長、四丈寬的指揮船，被大浪拋上擲下，顛簸不定。

「啓稟總兵大人，船頭的瞭望哨已經分不清東南西北，不知哪裡是天，哪裡是水了！」中軍慌慌張張地跑進中艙稟報道。

「按原定的航向不變，邊觀察邊前進。」

中軍領令出艙不久，又回來稟報說：「大事不好！船隊已經被風浪打散，各船之間因能見度

天妃靈應之記碑

台灣媽祖聯誼會提供

宣德六年（1431 年），鄭和在吳航鎮媽祖廟內立《天妃靈應之記碑》，以紀念海神媽祖引航的恩德。碑文共一千一百七十八字，生動地記述了：「……每逢危難，一稱神號，感應如響，即有神燈燭於帆檣，靈光一臨，則變險為夷，舟師恬然，咸得無虞。……」等七次出使西洋的經過，以及媽祖護佑的功績。

因為碑文是鄭和報請敕刻的，所以後世人都稱它為「鄭和碑」。

敬媽祖

台北民族舞團提供

台北民族舞團為台灣第一個專業民族舞團，由資深舞蹈家蔡麗華於1988年9月創立。成立17年來，以獨特的臺灣本土風格舞作，為台灣民族舞蹈開拓嶄新的風貌，並以優異的成績揚威國際。

舞團演出作品特色，在於藉紮實的田野採風，將傳統原味創新，並賦予新的生命力，不論國內外的演出，均成為最具代表性的傑出舞團。

2000年成立「台灣樂舞文教基金會」旨在傳揚台灣舞蹈之美，致力於台灣漢族、原住民族以及中華傳統舞蹈之研究、保存、精緻演出與校園社區推廣等。

差，失去了聯繫。」一向沉著的鄭和也有些沉不住氣地問身邊的副使：「王大人有什麼好主意麼？」

王景弘早已被這突來的變故攪得惶惶不安，只能喃喃自語道：「聽天由命，只好聽天由命了……」

「與其聽天由命，不如祈禱天妃顯靈！」鄭和想起海神媽祖，就跪在甲板上向蒼天禱告道：「天妃啊！鄭和負有神聖的使命，請您指引方向，保佑全體將士平安──」

他話音剛落，「嘩」地一聲，船頭的疾浪向兩邊排開，出現了一條平靜的航道。在航道的前面隱約可見一位紅衣女神如履平地的走在海上，手舉紅燈，從容導航。船隊緊跟著全速前進，平平穩穩地駛向避風港。

鄭和見女神的威力如此浩大，立即跪在甲板上拜謝道：「叩謝女神平風靜浪之恩，弟子日後定表奏朝廷！」

「默娘身為海神，理當有求必應。」半空中傳下來一段清脆悅耳的聲音，「爾等今後航行，切記主船務必高懸紅燈。日間有太陽為爾等導航，夜間看默娘手裡的紅燈。縱然伸手不見五指，也絕不會迷航散失。」

從此以後，每到夜間，船隊前方便會遠遠地出現一盞紅燈為鄭和的船隊導航。鄭和也根據媽祖的指點，做了一個很大的紅燈籠高懸在指揮船的桅杆上，又讓其他船依此各做了一個小一點的燈籠。這樣一來，鄭和的船隊白天在羅盤、海圖、太陽的幫助下可以沿著既定的正確航線前進；在沒有星光的月黑之夜，也能在大小燈籠和導航神燈的幫助下，不迷失方向、不中斷聯繫。

鄭和順利到達西洋，完成使命回到京城，就把此事啟奏皇上。永樂七年（公元1409年），明成祖下詔敕封媽祖為「護國、庇民、妙靈、昭應、弘仁、普濟天妃」。

伴隨鄭和下西洋的媽祖

在十五世紀的明代，傑出的航海家——三寶太監鄭和，從永樂三年（公元1405年）至宣德八年（公元1433年）的二十八年間，先後率領龐大的船隊，從江蘇省的蘇州劉家河（今太倉瀏河）張帆出港，七次遠航西洋，航程十萬餘里，足跡遍及亞洲、非洲三十多個國家及地區，是世界航海史上一次空前的壯舉。在實現這一偉大的創舉的進程中，媽祖起了相當大的作用。

鄭和本姓馬，元初遷入雲南，為晉寧人，回族，世代信仰伊斯蘭教。但是，鄭和七次下西洋，往返太平洋、印度洋和阿拉伯海海面上，他乞求保護的神祇都是江海女神媽祖，媽祖可以說是伴隨鄭和出洋的海神。且看七次航行與媽祖的關係：

第一次在明永樂三年至五年（公元1404-1407年）《天后誌》卷下：「明永樂元（三）年，差太監鄭和等往暹邏國，至廣州大星洋遭風，舟將覆，舟工請禱於神。和祝曰：『和奉命出使外邦，忽遭風濤危險，身固不足惜，恐無以報天子，且數百人之命，懸於呼吸，望神妃救之。』俄聞喧鼓吹一聲，一陣香風，颯颯

戰爭保護神

12.5 x 24 CM 木 清
林新雄蒐藏　劉信宏攝影

自宋代以來，中央王朝受到外敵侵擾，人們在抵禦外敵之餘，也把媽祖搬進了軍事舞台，留下種種生動的神話。而統治者更把媽祖視為戰爭中的保護神，藉以鼓舞士氣，攝制敵人。

畫面中的媽祖塑像，在慈悲中透露著英氣，是女中豪傑的相貌。

飄來，宛見神立於桅端，風恬浪靜，從而轉危為安。」又傳說船隊抵三佛遇海寇陳祖義，也得天妃神助，剿滅海寇，歸國後，於永樂五年在南京龍江修天妃宮，又修泉州天妃宮。

第二次在永樂五年至七年（公元1407-1409年），往爪哇、古里等國。《天妃靈應之記碑》：「永樂五年，統領舟師往爪哇、古里等國，王各以珍寶、珍禽異獸貢獻，至七年回還。」

第三次在永樂七年至九年（公元1409-1411年），鄭和率領陳慶等在西洋遇劫，危險萬般，陳慶禱告天妃，轉危為安。《天后誌》卷下：「陳指揮率眾叩謝神曰：『反敗為功，轉禍為福，再造之德，山高水深。』此次下西洋，又遇錫蘭國王欲害王師，在天妃的幫助下，先擒之。」

第四次在永樂十一年至十三年（公元1413-1415年），往蘇門答臘、馬來西亞、伊朗等國。在蘇門答臘，偽王為惡，在神助下生擒之。吳都《文醉續集》卷下二十八：「永樂十二年鄭和往忽魯謨斯等國，其蘇門答臘國王蘇幹侵本國，其王遣使赴闕，陳訴請救，就率官兵剿捕，神功默助，遂生擒偽王。」

第五次在永樂十五年至十七年（公元1417-1419年），《天妃

軟身媽祖與鑾駕

木雕 媽祖／27 x 52 CM 清
鑾駕／45 x 55 x 60 CM 民初
施學松蒐藏 劉信宏攝影

軟身媽祖，指的是媽祖的身體是可以活動的，上半身為木雕，手可擺動，下半身由布料縫製而成，可方便穿戴衣物或出巡，一般稱之為「軟身」，如今這樣的神像已十分少見，只有少數廟宇中還有軟身媽祖的存在。

畫面中的軟身媽祖製作精緻，著龍袍、穿長靴，雍容華貴；蒐藏家還為她配置了一頂鑾駕。

靈應之記碑》：「永樂十五年，統率舟師往西域。……阿丹、木骨斯夷國……爪哇、古里國，若乃藏山隱海之靈物，泥沙棲陸之偉寶，莫不爭先貢獻。」

　　第六次在永樂十九年年至二十年（公元1421-1422年），《天妃顯聖錄》：行船「於鎮東洋中，官舟遭大風，掀翻欲溺，舟中喧泣，急叫神求佑，言未畢，忽見狂風旋舞，中有赤旌飛揚，須臾霽下，風平浪靜。」

　　第七次在宣德六年（公元1430-1433年）。永樂皇帝死後，下西洋遭到反對，令鄭和鎮守南京。至宣德五年反對派失勢，鄭和才準備第七次下西洋。出發前修劉家港天妃宮，除雕塑天妃神像外，還鑄了一口大銅鐘，鐘體下截的鑄銘虔誠地記載：「大明宣德六年歲次辛亥仲夏吉日，太監鄭和、王景弘等同官軍人等，發心鑄造銅鐘一口，永遠長生供奉，祈保西洋往回平安吉祥如意者。」

　　從以上七次下西洋看出，每次出發前，鄭和都要祭祀媽祖，在行船中也供奉媽祖，而且，鄭和的船隊無論到達哪個國家、哪個港口，無論停留的時間長短，都要把指揮船上的媽祖安奉在附近的寺廟內，每天早晚進香、上貢品，出發前再將媽祖神像請回船供奉。若遇海難、遇海盜時，必求媽祖保佑，歸國後也祭祀媽祖、修廟宇，還奏請皇帝對媽祖進行加封。

雅典娜女神

1898　75 x75CM　油畫　克林姆
1771　142x108cm　油畫　蘇維依

　　作為戰爭保護神的媽祖與西方所崇拜的雅典娜（Athena）女神，神格非常類似。

　　在希臘神話裡，雅典娜是幫助勇士立功、奮戰的戰爭女神，所以一出生就全身穿著黃金盔甲。由於她擁有超神人的智慧，因此也被視為智慧女神。

　　雅典娜也像媽祖一樣，以自己身為雅典的守護神為榮，一直保衛著雅典城，而且守身如玉，永不結婚。希臘人認為雅典娜是戰無不勝的，她英勇無畏，天下無敵，因此每有戰事發生，希臘人必祈禱她助戰。

　　另外，兩者同時也被視為一位主持正義的女神，她曾經幫助過許多英雄好漢，其中最有名的有奧德修斯；東西方的兩位戰爭女神──媽祖與雅典娜，不僅能使人民在戰爭中獲得勝利，並讓勝利了的人民安居樂業。

第一篇　媽祖生平傳奇

093

海神天妃
石雕媽祖像
台中大甲鎮瀾宮提供

明代流傳的媽祖神蹟，多數是皇帝遣派的使臣出使，遭受海難，幸得天妃庇佑，而後人船平安。媽祖，是使臣出洋求得安全的精神寄託。

進士黃仲昭在《題湄洲天妃廟》一詩中，曾熱情歌頌媽祖對海上交通的貢獻。詩曰：聞來乘興到湄洲，獨向朝天閣上游。宮殿凌空藏聖跡，舳艫利涉賴神庥。雲移平海見樓櫓，潮滿良江渡客舟。極目滄溟生澒洞，天風吹起海門秋。同時，遠涉重洋的使臣，在啟航前還有專門祭拜媽祖的儀式，而且當時已把媽祖神龕搬於船上，船上還設有專事燒香敬佛的「香火」。

當時流行至今的《順風相送》中存錄的一首祝詞《謹請》把這情景描述得非常詳細：

五更起來雞報曉，請卜娘媽來梳妝。妝了真妝縛了髻，梳了倒髻成琉璃。

身穿羅裙十八幅，幅幅炯炯香麝香。舉起涼傘蓋娘媽，娘媽騎馬出遊香。

東去行香香清人，北去迎香人來迎。去時金釵插鬢邊，到來銀花插殿前。

願降臨來真顯赫，弟子一心專拜請。湄洲娘媽降臨來，急急如律令！

霧海助戰

明永樂七年（公元 1409 年），欽差太監鄭和統領指揮陳慶，率領皇家船隊，由兵士護衛，前往西洋諸國宣威。

當船隊駛到巴士海峽時，發現有數十艘琉球海寇的大船，正乘風破浪向著宣威船隊迎面駛來

船上兵士曾聽說這幫海盜是琉球國的失意武士，各個強悍善戰、暴戾非常，眼看一場惡戰就發生。

「各位聽著，」陳慶見人心惶惶，便大聲對部屬說：「這回我們奉旨出使西洋，宣威海外，眼下被海寇圍困，在生死關頭，我們一定要齊心協力，拼命撕殺，突破重圍！」

兵士聽了這一番話，都振作起精神，決心與海盜搏一生死。

「開戰之前，大家一起來求拜媽祖，但願能得到江海女神保佑，克敵制勝，振我國威！」陳慶又對官兵們說道。

兵士們在陳慶的率領下，向船艙裡的媽祖神像跪拜禱告，祈求女神保佑。

禮畢，陳慶發出迎擊號令，領頭向賊船衝去。但賊船順風，只聽到弓弦在空中颼颼地響著，才一

開戰，就有許多兵士中箭倒地。官兵們膽顫心驚，紛紛怯戰。

陳慶立即喝斥：「我們肩負君命，又有媽祖神助，還怕這區區倭寇麼？」

一轉身，他命令道：「大家衝啊！全力應戰！」

只是占上風的倭寇趁地利發箭，一瞬間，千萬飛箭齊發，慘叫聲中，又有官兵受傷倒地，官船被圍……。

這時，突然降下一片大霧，陳慶聽到空中有聲音傳來：「趁霧溯流而上！」他心裡正疑惑著，抬頭向四周看了看，發現不遠一盞紅燈在閃爍。他驚喜萬分，立即指揮船隊跟著紅燈前進。頃刻間，情勢逆轉，官船占了上風，海盜船卻處於逆風之中，無法前進。

數百名兵士見媽祖顯靈，遠望還有神兵現於空中，閃爍如電。個個都勇氣倍增，渾身是膽。

風急舟快，海盜船帆蓬被官船桅竿插破，不能動彈。船上士兵一個個像有三頭六臂，勇猛異常，一時間，刀箭齊飛，真是殺得天昏地暗。

陳慶乘勝揮刀一躍，登上賊船。賊首見情勢不妙，投水欲逃，被鉤起就俘，其餘海盜全部被縛。官軍大獲全勝。

「勝利！勝利！勝利！」官兵們興奮地歡呼跳躍。

陳慶則向媽祖深深禮拜，隨即登上賊船，獲軍器、貨物無數，成了此次宣威行動的最大收穫。

怪島點化

明宣德五年（公元1430年），欽差太監楊洪奉旨出使麻六甲（今馬來西亞）等八國。這年十二月，楊洪統領一千多名士兵，分乘三十艘大小帆船，向南海進發。

救護柴山

台灣媽祖聯誼會提供

明仁宗洪熙元年（公元1425年）四月，欽差內官柴山奉旨赴琉球，奉媽祖香火隨船前往。船出洋，柴山夜夢媽祖告示：「當有水厄，小心謹慎！」夢覺之後，柴山不敢告訴他人，只是嚴戒舵手水工，需時時警惕、刻刻在意，揚帆徐徐前進。

圖為黑夜間突然陰霾蔽天，濤浪滾滾，咫尺難辨方向，因而孤舟漂泊於洪波之中，桅檣顛倒，多人墜入海裡。船上人急將木板攤下，落水者擁板隨浪，一時呼天求救，哀聲震天。在這生死關頭，俄見紅燈自天而下，風倏靜，浪頃平。落水者一個個得救。眾人無不感激媽祖的再生恩德。

媽祖漂洋第一站
——琉球

明洪熙元年，大明王朝派正使柴山東渡琉球，封尚巴志為中山王，兩年之後，柴山再任冊使復赴琉球，後柴山多次往返於中國、琉球之間。柴山在琉球積極傳播中華文化，將中國的禮制帶給日本，還倡導三軍墾地營基，幫助當地民眾發展經濟。柴山任職期間還主修琉球的媽祖廟，這是中國境外第一座由中國人主持修建的媽祖廟，頗具特殊意義。

以後，大批官遣移民東渡日本，媽祖成為渡海者強大的精神支柱，一路伴隨著他們經歷各種艱辛。因此，他們雖遙居海外，但始終離不開媽祖，其信仰所致當然也影響到民風初開的琉球人。永樂二十二年（公元1424年），琉球國王尚巴志下令在琉球首府那霸，修建起另一座「上天妃宮」，這是中國境外第一座由外國人修建的媽祖祠廟，與隨後建造的「下天妃宮」遙遙相對。

據說，日本江戶時期的改換宗門儀式是在下天妃宮裡舉行的。在日本明治年間，天妃宮是琉球人在巡禮時必須經過的地方；到了大正年間，上天妃宮被改為學校；下天妃宮則成了那霸郵電局。後來在第二次世界大戰期間，上、下天妃宮均毀於戰火。

為了保佑行船平安，每一艘船上都供有媽祖神像，每天晨昏焚香祭禱，祈求媽祖庇佑。

這天早晨，船隊正在大海中全速航行。朝日方升，水天一碧。忽然看到船隊前方，有座島嶼橫峙海中。島上交錯的怪石、叢生的奇樹，依稀可見。

楊洪和兵士們飽受海上顛簸之苦，今日好不容易在這茫茫的大海中，遇到這麼一座美麗的小島，也算十分難得。楊洪於是下令讓兵士到島上歇息。

兵士們得到命令，都十分高興，船一靠岸，就有數十名兵士爭先登上小島。

島上奇花異草遍地皆是，景色十分迷人。忽然，一陣清脆嘹亮的漁歌飄來，讓人情不自禁地被吸引了過去。

大家循著樂聲朝前望去，只見一位妙齡女子手持竹籃，正在撿拾海螺。兵士們個個為她婉約的風姿著迷，不約而同地走上前，企圖向女子搭訕。

楊洪怕兵士們對女子無禮，有失朝廷的威儀，便趕忙上前大聲叱責，並驅散圍觀的兵士。他轉身正要向女子賠禮道歉時，那女子卻不見了蹤影。楊洪覺得事有蹊蹺，立即命令兵士返回船上。

當兵士剛撤回船上時，只聽轟隆一陣如炸雷般的聲響，眼前那座島嶼隨聲沉沒海底，一隻巨鰲擦船而過。

眾人嚇得面無人色，都說幸好楊洪喝止他們前往搭訕那女子，否則眾人必將隨著巨鰲沉入海底，成為水族的食物。

但是，那女子到底是誰呢？

原來，那座島嶼是鰲精所變，媽祖發現巨鰲欲傷害大明使者，化為一個美麗的姑娘上島

點化，救護了他們的性命。

　　自此以後，大家更是日夜虔誠膜拜媽祖，此趟宣威任務，終得無災無險地順利完成。

　　楊洪回國之後，將此事奏明聖上，奉旨到湄洲祖廟褒封媽祖功德。

忠臣得夢

　　明嘉靖年（公元 1521 年），那時奸臣嚴嵩正在朝廷專權用事，把國事搞得一塌糊塗，文武百官明知道百姓怨聲鼎沸，可是懼怕奸臣的威燄、爪牙的殘毒，只好忍氣吞聲，誰都不敢隨便多說一句話。

　　御史林潤，為人正直，忠貞清廉。見奸臣當道，政治紊亂，民不聊生，意欲草擬奏章，彈劾嚴嵩；但又擔心嚴嵩勢力浩大，若聖上不准，自己受害便罷，卻勢必誅連九族。正猶豫不決之際，夜得一夢，夢見媽祖告之：

　　「潤公信守忠誠，彈劾奏本一上，必得聖上批准。」

　　林潤夢醒，知是媽祖指示，皆因嚴嵩積惡，人神共憤，天理不容，故大膽上疏，彈劾嚴嵩。

　　果然得皇上准奏，立即下令處斬嚴嵩。百姓們聽聞這消息，莫不額手稱慶！後來朝廷知道媽祖神示林潤為國除奸，為民除害，特別為媽祖建廟於涵江，四時祭祀，以謝媽祖懲惡除奸之恩！

妝樓謝過

　　明朝天啓乙丑年間（公元 1624 年），流寇李魁奇等經常結夥出沒沿海，到處

元朝媽祖
木雕 台中大甲鎮瀾宮提供

早期台灣的媽祖神像，除由閩、粵移民供奉來台外，大部由唐山的泉州、漳州、福州移民來台的神像雕塑師所雕塑。其雕塑風格，泉州師父大抵格局不做精緻的琢磨，而靠黃土與水膠的混合物敷修神像的表面。漳州師父重視粗坯後的精緻整修，在線條的轉折以及細微的刻劃，均做入微精美的追求。福州師父則綜合漳泉的格局，且土與裱紙的工作，敷舖的層次較多，對於紋身的線條有較精細而細密的表現。

通常台灣神像的雕刻，大都以檀木或樟木為主，其木質含有奇異的香味，讓民間對神明有某種程度的敬畏，尤其檀木質地細緻，易於表現精微部分的刀法。檀木難求時則以樟木為副，其他也有用櫻花木或黃楊木等雕刻的。神像的雕塑除木雕外，有用泥土塑造，敷上宣紙或細絹，再以油彩塗色，也有以銅鑄或用陶瓷燒製的。神像均採全身像，有立姿與坐姿等，通常都是連服飾的帽子、珠冠、神袍、鞋襪等一起雕塑，採坐姿時連椅子也刻在一起。

打家劫舍、擄掠財物。有一次，這一夥強盜攻下忠門吉了寨，大肆洗劫，賊船滿載著搶來的金銀財寶和衣帛美女，沿水路款款而行。

官府怕鬥不過他們，只好裝聾作啞，佯作不知任其所為。因此，這幫海盜的膽子越來越大，簡直到了無惡不作的地步。當他們經過湄洲賢良港時，見港內停泊著幾條空船，先是強佔，接著準備上岸到莆田抄掠。

平靜的賢良港眼看就要遭受血刃之災了。村裡的年輕人摩拳擦掌，準備自衛；老年人則擁著媽祖神像，立在江頭，警告群匪不要來騷擾媽祖的故鄉，以免遭到神譴。

「哼！我們這些人，還怕什麼海神、天神？」群匪不信邪，仍繼續部署攻城計劃。當夜，媽祖託夢給李魁奇，說：「爾等擄掠吉了城，為禍酷烈，已經天理不容，沒想到還想染指我的家鄉！若不速退，將殲爾類！」

但是，李魁奇並未因此心萌怯意，仍然帶著群匪就要往村裡闖去。

就在這個時候，天空忽然閃過一道紅光，照得眾匪睜不開眼來。但海寇們卻仍向村裡進逼。轉瞬間，風雲變色，狂風飆起，滔天的巨浪剎那間掀倒了許多賊船，剩下的人則因船折斷、大篷破裂而動彈不得。

群匪都被這突來的變化，驚駭得撲倒在船板上發抖不已。李魁奇慌忙扔掉手裡的鬼頭大刀，雙手合十，祈求媽祖原諒。然而，媽祖決不寬恕，狂風仍是猛刮不停，似乎想一口氣將群匪殲滅。

在那生死沉浮危於一旦之際，李魁奇噗地一跪，再向媽祖乞求恕罪，並說：「媽祖海神饒命，小人再不敢作惡了！搶來的貨物，立即送還；擄來的婦女，立即放回；眾弟兄解散從

善。小人如果食言，願遭五雷轟頂！」

　　言畢，李魁奇再許願為媽祖建造一座梳妝樓，另外塑造一尊聖像以謝過。這時，風雨才漸漸平息，海面又恢復平靜。

　　李魁奇見出現一線生機，馬上帶領群匪退去。第二天，他準備了牲禮、香花到湄洲媽祖廟謝罪，並置買木材，裝運前來建造一座梳妝樓還願。從此洗心革面，改過向上。

泉井濟師

　　康熙二十一年（公元1610年）冬，靖海侯將軍施琅，率領三萬雄師，駐紮在莆田平海，等待季風的到來好渡海出征，收復台灣。當時，平海一帶天旱，遠近山泉斷流，

井水乾涸。三萬兵馬斷了水源，將士沒有水喝，叫苦連天。施琅下令各營掘井取水，以度過水荒。

營官們接到軍令，緊急行動，帶領士兵四處尋找泉眼，選點掘井。大家冒著火燒一樣的日頭，這裡掘一個窟窿，那裡挖一個大坑，但是往往不是碰到了石頭，就是挖了幾丈深還不見一滴水。更糟糕的是，掘井的兵士有些還差點被坍塌的井壁活埋！

眼看三天過去了，全軍竟沒有掘到一口能出水的井。於是，軍心開始動搖，大家交頭接耳的都在議論退兵之事。

施琅心急如焚。原來，老漁民告訴他，季風在數日內可來臨。如果大軍一退，錯過時機，就要再耽擱一年的時間。但是大軍不退，缺水的問題又該怎麼辦？

施琅帶著將官，親自踏勘。他們沿著海邊，從西往東走，看了這些井，大多數的井點都是選在泉眼上，可是就是掘不出水來。

黃昏時候，施琅來到一座古廟前。一看，匾額是「天妃宮」。宮前左邊有口古井，井裡填滿了石頭、泥土。

原來，這是清初朝廷為了防禦鄭成功，迫令這一帶百姓內遷時填廢的。施琅察看了一下古井的地勢，下令清理這口古井。可是，將官們聽了，都只是默默地站立著，誰也不肯動手。

將官們說：「這井就算有水，也不過杯水車薪；別處無水，憑這一口井又怎能供應三萬人馬飲用？還是退兵罷！」

施琅一聽「退兵」二字，臉色一下嚴厲起來，喝道：「東渡台灣，刻不容緩。眼看季風就要到了，怎麼能退

軍侯施
奉
命紅剿臺灣夫師
屯于平海取水維
難有神宣前一井廟
年枯將軍侯乃祝于
天后倏忽清
泉湧溢可汲數萬軍不瑪委勒干泉牛
熙二十一年冬將

泉井濟師
台灣媽祖聯誼會提供

清聖祖康熙二十一年十月，福建水師提督施琅奉命進兵台灣。率兵三萬之眾駐媽祖澳（今莆田平海澳）候風啓舵。海濱鹵重，淡水奇缺，士兵不甚其苦。澳北岸有媽祖廟，距潮線不及百公尺。媽祖廟大門左側有一井，平時僅夠村民食用而已。施琅禱於媽祖廟，重濬此井。忽清泉湧溢不絕，取之不盡，軍旅食用於是充沛。

圖為大軍取汲情形。施琅手寫「師泉」二字，刻石立碑於井後，又撰《師泉井記》作碑嵌於廟門內左側壁上。

兵？」

　　施琅說到這裡，看了一下天妃宮，又說：「收復台灣，順乎天理，合乎人心。天妃宮就在這裡，我們一齊到宮裡，拜求媽祖賜水，媽祖一定會保佑我們度過水荒！」

　　將官們聽了施琅的話，一齊走進天妃宮，就在媽祖神像前叩首燒香。然後，施琅親自動手，帶領清理古井。將官們不敢怠慢，輪番下井，搬石運土。忙到半夜，才清理完畢。

　　大家圍在井邊，正想歇一口氣，忽然井裡傳來一陣汩汩的水聲。施琅忙叫人拿來火把一照，只見井底噴泉如湧，轉眼之間，水已漫過半井，大家歡喜得又叫又跳。

　　廢井冒水的好消息，馬上傳遍了全軍。

　　「水呀！」士兵們都歡欣鼓舞地擁到井邊，大家迫不及待地拿著鍋碗器具汲水，大口大口地飲著這甘甜清涼的井水。奇怪的是，不管他們怎麼汲，井裡的水並不會因此而減少半分！因此，人們都說，這是媽祖顯靈，賜水濟師，幫助大軍收復台灣。

　　施琅感念媽祖顯靈相助，便把這口井命名為「師泉井」，取媽祖贈泉濟師的意思；並親自寫了一篇《師泉井記》來表彰媽祖的事蹟。

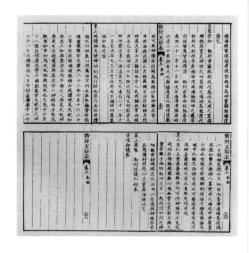

澎湖破敵

　　康熙二十二年（公元1611年），施琅見時機成熟，便率大軍從平海出發，準備攻取澎湖。

　　這澎湖是台灣的屏障，澎湖一失，台灣勢將難保。因此鄭克塽接獲警報十分驚慌，立即命令軍中威望最高的名將劉國軒親率所有精銳堅守澎湖。

　　劉國軒聽令，除把水陸官兵二萬餘人、大小船艦二百艘集中於澎湖外，還在澎湖的各軍事要地加築炮城十四

施琅奏疏
台灣媽祖聯誼會提供

　　施琅引用漢代二師將軍出征匈奴以劍插地得泉為典故，親書「師泉」二字，刻成石碣立於井旁，以誌紀念；並撰寫了一篇《師泉井記》刻在石碑上。這一碑石鑲嵌於天后宮大門內左側壁上，碑身170公分、寬95公分。額橫篆「師泉井記」四字，正文楷書豎行，共454字。圖為《師泉井記》、施琅奏疏。

施琅
楊永智提供

下圖為光緒元年《靖海紀事》內的施琅像，上圖為日治時期澎湖馬公施公祠的施琅塑像。右上圖為馬公施公祠外觀，是全台唯一一座祀奉施琅的廟，也是三級古蹟。

施公祠為澎湖縣三級古蹟，建祠年代大約是在清康熙35年左右，又名施琅廟或將軍廟。原位在澎湖醫院前址的一座大廟，呈坐北朝南之勢。民國16年（即日治時代）為建醫院，乃將原施公祠折遷到此。現今的施公祠外貌像廟又像民房，比較類似民間祠堂，裡面住著幾戶人家，百物雜陳。

座，沿海築造要牆濠溝二十餘里，安設銃炮，頗有一夫當關、萬夫莫敵之勢。

果然，施琅指揮的三萬水師，冒著炮火箭石，同鄭軍激戰了六天六夜，傷亡慘重，仍然攻不下澎湖島。這時，清軍船上所帶的淡水和糧食快吃光了，於是戰士們開始鼓噪，要求施琅暫時退兵。

施琅審時度勢，心想：澎湖雖然久攻不下，但劉國軒的軍隊也損失不少。此時若不一鼓作氣，等到下次再戰，勢必死傷加倍。可是，應該如何說服將士，振奮他們的鬥志呢？施琅輾轉反側，苦思到夜半仍未有對策。

隔天黎明，兩軍遠遠對峙著。施琅雖嚴飭號令進兵，但清軍仍士氣萎靡。可是戰鼓像霹靂，一聲急似一聲，對面的鄭軍像準備出柵的野獸，正蓄勢待發。

「英勇的戰士們，」署左營千總劉春突然喊道：「昨晚天妃顯靈我夢中，告訴我今日必克澎湖，七月可得台灣！」

眾將士一聽，立即想起在莆田遇乾旱時，媽祖賜水濟師的事，士氣一下振作起來。於是施琅登高一呼，大戰終於爆發。

頃刻間，兩軍相遇，短兵相接，刀槍火炮互相撞擊，士兵們大聲地叫嚷和吶喊，一時驚天動地，撼動山岳。

正在這時，清軍營中沸騰起一陣驚異而振奮的呼

聲，傳說媽祖帶著千里眼和順風耳兩個部將飛奔在隊伍中間。大家聽了頓時精神百倍，剎那間，大軍如同燒山的野火捲過峽谷一樣，共殲鄭軍一萬餘人，焚毀各種船艦近二百艘。兵臨城下之際，守城鄭軍一六六名將領和四千八百多名士兵，全部倒戈投降。

面對澎湖失守、精銳全覆的慘局，劉國軒從孔門冒險脫圍，帶著殘部逃到台灣本島。後來，鄭克塽見大勢已去，派人到施琅軍前投降，施琅兵不血刃，一舉定台灣。

經過此次大戰，施琅班師回朝。在平海上岸後，將士們紛紛到天妃廟焚香，叩謝媽祖的助戰之恩，卻赫然發現媽祖的神像衣袍被海水沾濕，千里眼與順風耳神像的雙手，則冒出許多水泡。眾人目睹此一異象，都認為這是媽祖在澎湖暗助清軍所留下的痕跡。

施琅將此事上疏朝廷，康熙皇帝對媽祖的顯應感到敬佩，特別敕封媽祖為「護國庇民昭靈顯應仁慈天后」，並派出禮部郎中雅虎等人到湄洲廟宣旨。

天后媽祖與施琅將軍

施琅，字尊侯，號公琢，福建省晉江縣人。少年從軍，明崇禎時任游擊將軍。1645年朱聿鍵（隆武帝）建號閩中，擢為左衝鋒。施琅曾隨黃道周出關抗擊清兵，事敗之後，於1647年鄭成功起兵時，與弟施顯一起投靠鄭軍抗清。他從小學習兵法，知兵善戰，智勇超人，是鄭成功麾下一名頗有軍事才能的將領。

澎湖助戰
台灣媽祖聯誼會提供

清康熙二十二年，福建水師提督施琅領舟師抵澎湖。圖為施軍與鄭明交戰，雙方發炮，硝煙瀰漫，火光衝天。值此時，空中雲端吶喊動地，但見媽祖神兵為大軍助陣。施琅即指揮戰船啣尾進港，登陸告捷。

澎湖海戰這一天，媽祖澳民入天妃廟，看見媽祖神像汗透衣袍。她左右的千里眼、順風耳二神將雙手起泡——均為助戰所致。遠近百姓聽聞這般奇事，蜂擁前來瞻仰祭拜。

以施琅名義在台灣刊行的《金剛經註講》。

咸豐六年（1856年）刊本，框23 x 15公分，每半頁6行，行大字12字，小字注文3行，行36字，無邊欄，版心白□，計80葉用42片烏心石木板雕製。首頁鐫佛祖圖，第80頁則錄入大字牌記：「靖海侯施祈回京平安，敬刊印送，友鄒松峰校刻。」

又鐫小字牌記：「原板係在江西省大悲寺，余在福建台灣府，意欲傳送《註講》經板，但海外邊庭之處，無有此板，幸友僧順求適有一本，遂借謄寫，誠心付梓人刊刻印刷，永遠傳佈。」靖海侯施即指施琅，他在康熙二十七年（1688年）自台灣返回北京，此書的原刻本可能就在當時出版，咸豐六年再重刊。

1651年，施琅出兵南澳，得數千人，但是不願南下廣東勤王。鄭成功命令他回廈門，卻「未還其兵權」，因此施琅怨恨在心。這時，又因「標兵犯法」的是否該斬的問題，與鄭成功產生矛盾。施琅觸怒鄭氏，鄭氏因之逮捕他及其父大宣、弟顯，且擬殺掉他們。施琅得知後，立即用計逃脫，而其父、弟均遭殺害。

不久，施琅隻身從廈門渡海投奔清廷，與鄭成功對抗。施琅降清後，先任清福建同安副將，後升為福建水師提督。

清順治十八年（公元1661年）鄭成功揮師東征，橫渡台灣海峽，從荷蘭侵略者手中收復台灣。次年，他不幸病逝，延平王由其子鄭經承襲。與此同時，在清軍的追剿下，各種反清復明的力量已先後被鎮壓，只有台灣獨踞一隅。至康熙二十年（公元1681年），三藩——吳三桂、尚之信、耿精忠等聯合叛亂平定，加上鄭經在台病故，其子克塽繼位，鄭氏政權發生內訌，康熙皇帝遂命令施琅相機進取台灣。

康熙二十三年（公元1684年），施琅揮師征台大獲全勝，上奏康熙皇帝，封媽祖為「天后」，從此，平海媽祖廟即稱「天后宮」。

乾隆進香

乾隆中葉以前，清朝統治已達康乾盛世的頂峰；因此，自乾隆十六年（公元1751年）開始，到四十九年為止（公元1784年），乾隆皇帝曾六次下江南。這一次，他微服來到莆田。

一路上，人人都說湄洲島上的媽祖女神很靈，香火不絕。乾隆決定和隨行太監一道去湄洲島，探一探虛實。

這天下午，天氣炎熱，沒有一絲風。

乾隆和太監來到莆田門莢渡口等到太陽偏西

了，還不見一隻船影。兩人又累又渴，還憋了一肚子氣。

太監對乾隆說：「萬歲貴爲天下之主，何必爲探訪一尊地方菩薩，受此勞苦呢？」

皇帝聽了，也生氣地說：「既然來了，就上島走一趟。如果媽祖以此虛名惑眾，朕定要拆了她的神廟！」

乾隆話音未落，只見海上漂來一艘小舟，船頭坐著一位白髮蒼蒼的老漁翁；船尾則站著一個貌似仙女的女子。

她一身裝束更爲奇特：頭上梳著一個船帆似的髮髻，髻上別著七枚五彩貝殼；身穿白衫紅褲，腳著一雙繡鞋，鞋頭上鑲著一幅浪花圖。

乾隆立即被這女子吸引，目不轉睛地盯著她看。站在乾隆身旁的太監，悄悄地拉了拉皇上的衣襟，然對船公說：「請施個方便，渡我們上島，以免誤了生意。自當厚謝！」

船公聽了，和藹地笑著說：「我父女兩人，專門在此引渡過往客官。只是今天天氣炎熱，客人不多，所以晚些出來。兩位想是等久了，來，請上船吧！」

乾隆主僕二人上船後，漁翁搖櫓、漁女把舵，向湄洲島駛去。不料，船到海中，忽然刮起大風，掀起層層巨浪，小船搖擺顛簸，岌岌可危。乾隆心想：今日一命休矣！剛想到這裡，雙腳

偶戲人生
紅連明攝影
台中大甲鎮瀾宮提供

一年一度的媽祖出巡有許多的故事在發生，神聖的宗教活動促成了許多商機，賣玩偶的生意人便這樣一路跟著進香隊伍南下做生意。

施公清臺碑
楊永智提供

台南大天后宮為全台第一座官祀媽祖廟，藏有豐富的歷史文物。拜殿擁有全台最高大的捲棚式屋架，在台南大天后宮尤拜殿牆上嵌有重要的古石碑，其中施琅於清康熙二十四年所立「平台紀略碑記」為全台最古之石埤。另一面（左圖）現藏於澎湖天后宮。

乾隆皇帝是中國古代執政最久、年壽最高、影響較大、又是頗有爭議性的一位封建帝君。他多次用兵，創造「十全武功」。他酷愛狩獵和出巡，六下江南，四謁盛京，西幸五台山，南朝孔府，歲歲秋獮。他喜歡吟詩撰文揮毫寫字，有文三集、詩五集，是中國著作最多的詩人和題字遍四海的書法家，也是巨型叢書《四庫全書》的主持者。他既以「乾綱獨斷」疾惡如仇開創了「大清全盛之勢」的明君自詡，又於晚年重用奸相以致專權亂政盛極漸衰。

乾隆帝，是一位身兼學者、詩人、藝術家、軍事統帥、皇帝等種角色於一身的傳奇人物。

清雍正皇帝御筆所提「神昭海表」，表彰媽祖之匾額。

一軟，就跌倒在船艙裡。而那太監也嚇得魂不附體，主僕二人慌亂忐忑，不知如何是好。

可是，漁翁和漁女卻若無其事，談笑自如，駕著渡船，頂風前進。

漁女看兩位客人被嚇得狼狽不堪，就安慰他們說：「客官不必驚慌。這小船來往有神明保佑，即使風浪險惡，也能逢凶化吉，遇難呈祥。請客官放心，保你們萬無一失。」

乾隆聽了，也顧不得威儀，趕緊跪在船板上合掌祈禱：「神明在上，請賜平安。若能脫險，自當厚報。」

話畢，即時風平浪靜。小船平安地渡過海面，停靠在湄洲碼頭。

船主應客人之請，陪他們登上湄洲島，來到媽祖廟進香。

乾隆定神一看，那神帳內供奉的媽祖，面貌、神態竟同船上的漁女十分相像。再回頭尋找，卻不見了那老翁與漁女。他驚詫不已，連忙回到渡口，遍訪船夫，都說不曾見過這樣的漁翁父女。

乾隆這才恍然大悟，原來那女子是媽祖顯靈！於是畢功畢敬地朝天拜謝。

回京後，乾隆立即御書「海不揚波」四字，命人製成金匾，派太監親自送往湄洲祖廟，以弘揚女神之功。

封面故事

楊英風

字號呦呦，一九二六年生於台灣宜蘭，一九九七年於新竹逝世。曾先後求學於日本東京美術學校（現國立東京藝術大學）、北平輔仁大學美術系、國立台灣師範大學藝術系、義大利國立羅馬大學雕塑系及羅馬造幣學校等。除了曾於國立藝專、淡江、銘傳等大專院校作育英才外，並且出版二十餘冊藝術作品文集、舉辦海內外數十次展覽。一生創作千餘件版畫、繪畫、漫畫、雷射、雕刻、景觀與建築規劃……等各類藝術作品，並獲殊榮無數。

他是一位世界知名的景觀雕塑與環境設計造型藝術家。六十年代在義大利旅居三年的經驗，體認到東、西文化及美學的差異，漸漸地領悟到中國人追求「天人合一」自然純樸的美學觀念。回國後不久提出「景觀雕塑」（Lifescape Sculpture）的觀念：即是體認到雕塑藝術的「景」是一個「外在的型」，必須與周遭的自然環境相應相融；而「觀」字是人類「內在的精神狀態」，人類倫理生活深受自然、宇宙的影響。他終其一生以中國魏晉時期自然、樸實、圓融、健康的生活美學為景觀雕塑創作之核心精神。

此外，曾於五〇年代在農復會《豐年雜誌》擔任美編的他，深入台灣農村，將所見所思應用於「鄉土系列」的版畫、速寫與雕塑等創作。

晚期的「不銹鋼系列」作品是其創作生涯中的成熟期，寓中國生態美學及佛家哲思於先進、現代的材質以及簡潔的抽象造型中。單純、光潔如宋瓷的不銹鋼鏡面反射，將周遭環境與觀者納入作品中，或以圓弧、曲線的視點柔化環境的氛圍，使作品本身圓融具足，與環境、觀者相諧，以達「天人合一」之境。

楊英風的藝術創作師法自然、尊重自然、美化自然、保護自然，並融於一般大眾生活中，即是今日所謂：「藝術生活化、生活藝術化」的實踐者。他不僅是為人類文明形塑公眾的藝術，佇立於廣場、街頭；更如同他的字「呦呦」，取自《詩經》：「呦呦鹿鳴，食野之苹。」意指「鹿覺得甘泉，以鹿鳴呼朋引伴，共享清流」，以奉獻、讚頌的精神，試圖為這個時代塑造超越時空的文化永恆意象。

媽祖版畫

1956 版畫 22×17CM
楊英風藝術教育基金會提供

楊英風先生所繪製之媽祖版畫曾刊於《豐年》，第6卷第9期，封面，1956年5月1日。

此作完成於1956年，是楊氏在《豐年》雜誌工作期間所作。媽祖神像的面容慈祥，衣飾及頭飾相當華麗且顏色豐富，以大海為背景，海面波濤洶湧，隱約還可看到幾艘船隻。據祖慰所述：「楊英風有意模仿北魏時期佛像，又刻意賦予媽祖以中國傳統美女的人相。彎月眉下延至眼尾，成為慈悲幽雅的圓弧，圓融的臉龐中央是直鼻梁和櫻桃小口。這是中國美學『神心人形』的造型。服裝的色彩透著民俗的亮麗，而最中心的臉部卻平塗上神秘，接近大地之色的『暗赭色』。西方傳統的人物畫，如荷蘭的林布蘭，最亮的部分是人臉。楊英風反其道行之，這是為了更好的表達神秘的『神心』。」

公元	朝代年號	封號	頒賜	重要記事
1122	宋徽宗宣和四年		賜順濟廟額	出使高麗國的給事中路允迪奏請：使舟海惡風狂浪，得神女佑護安濟。詔賜。自此媽祖信仰由民間傳入官闈。也是列朝對媽祖封典的開始。
1156	宋高宗紹興二十六年	封靈惠夫人	賜額靈應	郊祀禮成，覃恩百神。詔封。
1160	宋高宗紹興三十年	加封靈惠昭應夫人		興化軍奏：流寇劉巨興氾境，媽祖顯靈助威，盡俘寇賊；詔加封「昭應」。
1166	宋孝宗乾道二年	加封靈惠昭應崇福夫人		興化軍又奏：春，瘟疫大漫境內，媽祖降白湖，神示掘井，甘泉湧出，飲此泉水後病者皆癒。詔加封「崇福」。
1184	宋孝宗淳熙十一年	加封靈惠昭應崇福善利夫人		福興都巡檢使姜特立奏：舟師赴溫州、台州剿捕海寇，遙禱媽祖得應，寇酋就擒，大獲全勝。詔加封「善利」。
1187	宋孝宗淳熙十四年	加封靈惠昭應崇福善利夫人		知興化軍葛郛奏：開荒造田初耕，禱媽祖保佑，獲應。知興化軍朱瑞學奏：莆田、仙游大旱，百姓禱媽祖降雨，果應。
1190	宋光宗紹熙元年	進爵靈惠妃		知興化軍趙彥勵奏：夏季大旱，媽祖神示甲子日降雨，果應。累奏，詔晉爵號。
1198	宋寧宗慶元四年	加封靈惠助順妃		興化軍奏：自春到夏全閩各地大雨不止，莆田、仙游等百姓禱媽祖庇佑，媽祖神示三日後必晴，果驗，當年早稻豐收。加封「助順」。
1200	宋寧宗慶元六年	封后父為積慶侯，改封威靈侯，又改封嘉祐侯。母王氏封顯慶夫人。兄洪毅封靈應仙官。諸姐皆封靈惠夫人佐神		朝廷調閩甌舟師討大溪寇，其中興化舟師敬請媽祖神像及其香火上船。及戰役起，閩舟師處下風，忽媽祖神光現於雲端，降霧返風，我暗彼明，一舉全殲寇賊。詔家封神妃全家。
1205	宋寧宗開禧元年	加封靈惠助順顯衛妃		金將僕散揆於上年冬偷渡淮河，威脅直隸。遂調興化兵師應援。興化軍兵攜媽祖香火以行。宋將畢再遇夢媽祖以神助威，首戰花䐒鎮即炮斃敵酋，再戰紫金山又獲全勝，三戰合肥之危。每戰均見媽祖立雲端揮旗。凱旋後上奏。加封「顯衛」。
1208	宋寧宗嘉定元年	加封靈惠護國助順顯衛英烈妃		秋，海寇六四周圍研沿海一帶久旱，集無賴地痞嘯聚舟船，劫掠海陸，民苦不堪。百姓禱求媽祖。於是待海寇前來騷擾但見空中有劍戟揮動、旗幟飛揚，海寇便倉皇驚退，沖礁擱淺，官軍追獲其酋。事平後上奏。又是年冬，北風彌月，南船不止，民禱媽祖得應，風停糧船到，百姓免飢。奏請加封。加封「護國英烈妃」。
1239	宋理宗嘉熙三年	加封靈惠護國助順顯衛嘉應英烈妃		地方官以媽祖顯靈救旱、平寇有功奏請。詔加封「嘉應」
1254	宋理宗寶祐二年	加封靈惠護國助順顯衛協正嘉應英烈妃		泉州、興化大旱，穀價騰貴，糧市奸商以奇貨牟取暴利，民不聊生。媽祖託夢給欲販米往浙江之航商，米船遂改道入興國，於是解兩地民飢地；地方官上奏。詔。加封「協正」。
1255	宋理宗寶祐三年	加封靈惠護國助順顯衛協正嘉應英烈慈濟妃		詔加封「慈濟」。

公元	朝代年號	封號	頒賜	重要記事
1256	宋理宗寶佑四年	加封靈惠護國助順顯衛協正嘉應英烈慈濟善慶妃		有司奏，媽祖蔭庇神護，助錢塘大堤功成，詔加封「善慶」。
1259	宋理宗開慶元年	加封靈惠護國助順顯衛協正嘉應英烈慈濟善慶顯濟妃		興化軍奏：海寇陳長五、長六、長七兄弟嘯聚歹窮掠興、泉、漳。八月在劫掠吉蓼途中，夜宿湄洲廟廡，侮漫神靈，神火頓起，海寇驚恐逃遁。忽風雨交加，賊船擱淺沙灘。憲使王鎔擒長五。郭敬叔等追至淳曦擒長六，至福清擒長七。詔加封「顯濟」。
1281	元世祖至元十八年	敕封護國明著天妃		有司奏：媽祖祐護海道舟師漕運有大功。詔命正奉大夫宣慰使左副都元帥兼福建道市舶提舉蒲師赴湄洲冊封。由此，媽祖封號由夫人、妃而升為天妃。
1289	元世祖至元二十六年	加封護國顯佑明著天妃		詔嘉媽祖護海運有奇應，加封「顯佑」。
1299	元成宗大德三年	加封護國輔聖庇民顯佑明著天妃		有司奏：媽祖庇護漕運海路有功。加封「輔聖庇民」。
1314	元仁宗延祐元年	加封護國輔聖庇民顯佑廣濟明著天妃		有司奏：運糧海漕遇風阻，得媽祖神助。加封「廣濟」。
1329	元文宗天歷二年	加封護國輔聖庇民顯佑廣濟感助順福惠徽烈明著天妃		遣官黃份等致祭天下各廟以護漕運有大功，加封「靈感助順福惠徽烈」。
1330	元文宗至順元年		賜靈惠慈廟額	救漕艘，中書奏聞。
1372	明太祖洪武五年	敕封昭孝純正孚濟感應聖妃		正月，詔嘉媽祖神功顯靈，且建號開朝以來未曾褒獎，特遣官馳詣湄洲。敕封。
1409	明成祖永樂七年	敕封護國庇民妙靈昭應仁弘普濟天妃	建廟都城外，賜額弘仁普濟天妃之宮	欽差正使太監郭和奏：下西洋途中，屢遭狂風駭浪、海盜倭賊，幸得媽祖神靈暗助。往返順利平安。敕封。
1431	明宣宗宣德六年	遣太監並京官及本府縣官員詣湄嶼致祭整修廟宇		出使諸蕃得庇，時鄭和已第七次下西洋。
1680	清聖祖康熙十九年	敕封護國庇民妙靈昭應弘仁普濟天妃		福建提督萬正色奏：克金門島與廈門島，全賴媽祖神力庇祐。敕封。
1684	清聖祖康熙二十三年	敕封護國庇民昭靈顯應仁慈天后	欽差禮部郎御書香帛祭告	福建水師提督施琅奏：澎湖告捷，台灣安定，俱賴媽祖蔭庇。又奉詔前封冊琉球中山王的使臣汪楫、林麟焜奏：海上往來平安賴媽祖護祐。敕封，天后稱號由此始。
1720	清聖祖康熙五十九年		列入朝廷祭典、春秋遣官祭祀	
1726	清世宗雍正四年		賜匾曰神昭海表	福建水師提督藍廷珍奏：康熙六十年（公元1721年）兵進台灣，賴媽祖神助頒御書製匾，敕懸湄洲、廈門、台灣三處天妃宮。

公元	朝代年號	封號	頒賜	重要記事
1733	清世宗雍正十一年		賜匾曰錫福安瀾題請各省府縣地方建祠致祭，其祭儀與關帝廟同	閩浙總督郝玉麟、福建巡撫趙國麟奏請，御賜。
1737	清高宗乾隆二年	敕封護國庇民妙靈昭應宏仁普濟福佑群生天后		敕封。
1757	乾隆二十二年	加封護國庇民妙靈昭應宏仁普濟福佑群生誠感咸孚天后	詔普天行三跪九叩禮	加封誠感咸孚。
1788	清乾隆五十三年	加封護國庇民妙靈昭應宏仁普濟福佑群生誠感咸孚顯神贊順天后	賜匾德孚廣濟	貝子福康安凱旋、奏賴媽祖靈惠庇佑，加封顯神贊順。
1800	清仁宗嘉慶五年	加封護國庇民妙靈昭應宏仁普濟福佑群生誠感咸孚顯神贊順垂慈篤祐天后		加封垂慈篤祐。
1801	清仁宗嘉慶六年	詔封后父為積慶公，后母為積慶公夫人		禮部奏：議准崇祀媽祖父母。詔封。禮部行文福建巡撫、江南河道總督。湄洲、清口兩處天后宮後殿製造牌位，春秋祭。
1826	清宣宗道光六年	加封護國庇民妙靈昭應宏仁普濟福佑群生誠感咸孚顯神贊順垂慈篤祐安瀾利運天后	賜掛安瀾利運匾	加封安瀾利運。
1839	清宣宗道光十九年	加封護國庇民妙靈昭應宏仁普濟福佑群生誠感咸孚顯神贊順垂慈篤祐安瀾利運澤覃海宇天后	賜掛澤覃海宇匾	加封澤覃海宇。
1841	清宣宗道光廿一年	加封天后之父為衍澤積慶公，母為衍澤積慶公夫人		
1848	清宣宗道光廿八年	加封護國庇民妙靈昭應宏仁普濟福佑群生誠感咸孚顯神贊順垂慈篤祐安瀾利運澤覃海宇恬波宣惠天后		加封恬波宣惠。
1852	清文宗咸豐二年	加封護國庇民妙靈昭應宏仁普濟福佑群生誠感咸孚顯神贊順垂慈篤祐安瀾利運澤覃海宇恬波宣惠導流衍慶天后		加封導流衍慶。
1853	清文宗咸豐三年	加封護國庇民妙靈昭應宏仁普濟福佑群生誠感咸孚顯神贊順垂慈篤祐安瀾利運澤覃海宇恬波宣惠導流衍慶靖洋錫祉天后		加封靖洋錫祉。

公元	朝代年號	封號	頒賜	重要記事
1854	清文宗咸豐四年	加封護國庇民妙靈昭應宏仁普濟福佑群生誠感咸孚顯神贊順垂慈篤祐安瀾利運澤覃海宇恬波宣惠導流衍慶靖洋錫祉恩周德博天后		加封恩周德博。
1855	清文宗咸豐五年	加封護國庇民妙靈昭應宏仁普濟福佑群生誠感咸孚顯神贊順垂慈篤祐安瀾利運澤覃海宇恬波宣惠導流衍慶靖洋錫祉恩周德博衞漕保泰天后	賜匾衞漕保泰	以漕糧迅達天津加封衞漕保泰。
1857	清文宗咸豐七年	加封護國庇民妙靈昭應宏仁普濟福佑群生誠感咸孚顯神贊順垂慈篤祐安瀾利運澤覃海宇恬波宣惠導流衍慶靖洋錫祉恩周德博衞漕保泰振武綏疆天后		加封振武綏疆。
1869	清穆宗同治八年	敕封千里眼為金將軍，順風耳為柳將軍		以天后左右二神將護運有功敕封。
1872	清穆宗同治十一年	加封護國庇民妙靈昭應宏仁普濟福佑群生誠感咸孚顯神贊順垂慈篤祐安瀾利運澤覃海宇恬波宣惠導流衍慶靖洋錫祉恩周德博衞漕保泰振武綏疆嘉佑天后		江蘇巡撫以本屆海運迅速抵津，奏請加封，禮部核議，以封號字數過多，加封嘉佑二字後即永為限制。
1875	清德宗光緒元年	加封護國庇民妙靈昭應宏仁普濟福佑群生誠感咸孚顯神贊順垂慈篤祐安瀾利運澤覃海宇恬波宣惠導流衍慶靖洋錫祉恩周德博衞漕保泰振武綏疆嘉佑敷仁天后		詔再加封敷仁，封號全名達六十八字。為中國歷史上褒封最多之唯一女神。

廟會慶典

　　每年農曆三月二十三日媽祖誕辰，重九媽祖登
天之日，均是一年中媽祖最重要的祭典。但以媽祖誕
辰更為隆重。

　　清代祀典，最崇天后，每年春秋，地方官吏必
親典祭，依禮制致祭。是日，守土官具祝版備器，陳
羊、豬各一，簠簋各二，籩豆各十，爐鐙具。殿中南
案供祝版，北案陳帛、尊、爵、香盤各一。設樂、設
洗，祭官朝服正中禱拜，司祝、司香、司帛、司爵、
典儀、掌燎，各以其職為位，依禮制致敬。

　　民間則自每年正月起至媽祖誕辰，例為香期，
各地交香祠廟均有謁祖進香之習。進香團或乘車船，
或以步行，護送媽祖神像至原廟謁祖，原廟則接待分
靈回娘家。及媽祖誕辰期近，各廟又有媽祖鑾駕遶境
出巡風俗。

　　不論謁祖進香或遶境出巡，均寓媽祖祝福地方
含意，善男信女皆備香案祭品沿路迎接參拜，禱告媽
祖庇佑風調雨順、國泰民安、五穀豐收、四時吉慶。

第一章

湄洲廟會

由於湄洲島是媽祖的故鄉，因此相關的民俗活動不僅熱鬧非凡、聲勢浩大，而且儀式多樣，內容豐富，蔚然成為一種文化景觀。

湄洲島對於媽祖的祭祀主要有三大方面：一是大醮，二是清醮，三是出遊；每年元宵節亦有大型慶典。

做醮

大醮是特別重大的慶典和紀念活動，官方舉辦的祭典活動即歸屬此類。祭典時，祖廟必須鳴放銃火，奏起鼓樂，演木偶戲和莆仙戲，同時祖廟還需請來經師與和尚做道場。做大醮時，不僅整個湄洲島的民眾都參與，連附近信徒都前來參與，故極為熱鬧。

清醮即指常年的祭祀活動，每年都要舉行。清醮主要體現在媽祖誕辰和升天紀念日。歷史上朝廷頒布的春秋兩季對媽祖的祭典，也是依此時日。此外，在莆仙一帶還有媽祖元宵的慶典活動，該活動的日期是每年正月初十，而非正月十五。活動內容主要是請媽祖出來賞月。

三月二十三日媽祖生日的做醮，是每年祭祀的核心。為籌辦這項活動，早在農曆二月人們就通過卜卦方式選出一位「福首」，福首意指有福氣第一個被選為主持祭祀儀式的人，

福首負責統籌該年度的全部祭祀活動。

　　祭祀活動實際從三月初五就開始了，由於各地到祖廟進香的團隊太多，每年祭祀活動都延至四月底才能結束。據說在媽祖誕辰這一天，凡燒第一爐香者，可得到媽祖特別的恩寵，故而二十二日傍晚起，祖廟周圍的山坡就聚集想燒第一爐香的信徒。人山人海，其盛況猶如麥加朝聖一樣。

　　二十三日一到，祭祀活動正式開始，祖廟除鳴銃放炮，經師唱念，戲班子演出之外，還需擺設豐盛的春祭祭品；九月九日媽祖秋祭日，祖廟一樣備有大型的祭宴，但因忌日戒葷，則不備海鮮與五畜類的祭品，一般民眾則以「九重粿」祀之。

　　「九重粿」非同一般米粿，其蒸製方法頗費工時，

台灣媽祖聯誼

上圖／達志影像提供
下圖／台灣媽祖聯誼會提供

　　媽祖誕辰和重九逝世日兩天，祖廟都有隆重的祭祀典禮。上圖為祭祀活動開始，經師唱念祝文：「維后配天立極，護國征儀。河清海晏，物阜民康。保安斯土，福庇無疆。千秋鞏固，萬載靈長。神恩思報，聖澤難忘。虔修祀事，恭荐馨香。士民一德，俎豆同堂。仰惟昭路，鑒此蒸嘗。尚饗。」

　　下圖為媽祖元宵入夜時分，信徒每人各獻一對蠟燭，點燃上架，遠遠望去頗似燭山，其蘊意為媽祖在海上顯放神光信徒妝點「燭山」祈福。

相傳媽祖得道成仙的湄洲島。

湄洲島著名的景點有：昇天古跡，在祖廟寢殿旁西北角；觀瀾，在祖廟山中部祖廟北角，《觀瀾》及《丁巳仲春登湄洲山謁天妃聖宮》七律，為宋代崖刻。湄洲觀音，在祖廟山西北路邊，為莆田二十四景之一。煙墩山湄洲島南部最高點，為古代傳報海警的烽火台遺址，從這裡可盡收海天奇景。湖石塘，在島中部，大約百畝，島上唯一的天然淡水湖泊。湖中有小嶼，人稱「島中島」。夏夜迎風，秋月映水，蕩舟舞槳，逸趣無窮。九龍尾，由岩石在風化中陸離而成，地貌奇特。清瀧底澳天然浴場位在下山村鵝尾山西北，沙灘一平方公里，沙柔浪軟。

先蒸熟第一層，再蒸第二層，這樣連續蒸九層，便成「九重粿」。兩「九」重複，故名「九重」，這主要為紀念媽祖逝世而製。

出遊

除了大醮、清醮之外，湄洲祖廟媽的另一項民俗活動就是出遊。出遊是湄洲民眾請求媽祖出來，周遊湄洲全境，掃蕩妖風邪氣，以保境內民眾平安的一項法事。出遊活動並非每年都舉行，出遊的時間也不固定，一切由卜卦來決定。每年農曆二月初一，全島鄉老集中於祖廟內，由卜卦決定誰主持這年的出遊活動，以及出遊時

間。

　　媽祖出遊時，由一大群身穿古裝的少女組成的儀仗
隊在前護駕開路。儀仗隊員手持肅靜牌、大燈、大旗、
龍頭棍、西瓜鎚等兵器，以及華蓋、鳳輦等，一路鼓
樂，浩浩蕩蕩，威風十足，一派帝王出巡氣象。儀仗隊
約百人組成，其八面威風，珠光寶氣之下，媽祖神像方
隨後款款而至，氣勢恢宏，十分壯觀。而且，其時萬民
駐足，萬人空巷。

　　媽祖的生日是農曆三月，如
逢閏三月，則是媽祖出遊回外家
的紀念活動，因為閏三月不是每
年都有，所以媽祖回外家也
是一項非常隆重的活動，
其規模與聲勢不讓大醮。

媽祖元宵

　　媽祖元宵節那天，不
論祖廟，還是分祠，都有
妝點「燭山」的習俗。

財神爺
版畫 林智信繪

　　上圖左下角為財神爺。財
神爺在迎神賽會中不定時地遊
走，穿梭自如，不受束縛，他
身穿紅袍，眼、眉成向下弧
狀，略似月眉，細而清秀。雙
手拉開一面長方形布條，上寫
「招財進寶」四大字，讓人一
見大吉。

　　「財神爺」在民間傳說中
種類頗多，簡分為「文財神」
和「武財神」，畫面中的財神
屬文官扮扮。大體而言，財神
皆是民間善男信女，祈榮華富
貴，財運亨通的偶像。

媽祖神像
明 木雕
台中大甲鎮瀾宮提供

　　元宵佳節祭祀媽祖的習
俗，始於明代。永樂五年（公
元 1407 年）敕建南京「弘仁
普濟天妃之宮」，自此，定為
年年「以正月十五日、三月二
十三日南京寺官祭……皆少
牢」（《明史‧禮志》）。「少
牢」，即以一豬一羊為禮的祭
祀。一般分靈小廟都在正月十
五禮奉媽祖，但有部份大廟在
數百年的演變過程中各自制定
慣例。選取正月望日之後、正
月底之前某一天為元宵之祭，
俗稱「媽祖元宵」。

　　所謂「燭山」，即指用鐵器或竹木器製成高低錯落的山型架子，用以插香燭。入夜時分，信徒每人各獻一對蠟燭，點燃上架，遠遠望去頗似燭山，其蘊意為媽祖在海上顯放神光。待蠟燭欲燃盡時，信徒們紛紛將自己所插的蠟燭取下，吹滅，小心翼翼端回家。據說這樣可保一年平安。

　　媽祖廟裡的元宵節從正月初十開始起，到正月最後一天才結束。據說，莆田民間鬧元宵多有紮龍燈遊戲於鄉野的習俗。但玩耍罷的龍燈，必須讓它燃盡，這樣就算送這隻龍上西天了。如不將龍燈火化，這隻龍則可能變成一隻「孽龍」作亂鄉里，危害生靈。可是龍乃海中之王，誰可主持火化儀式呢？只能是海神娘娘——媽祖。所以莆田各鄉境鬧元宵的龍燈，都要於正月的最末一天集中起來，統一焚化。焚化前要做儀式，請來媽祖神靈主持焚化。

第二章

天津皇會

　　中國天津古稱直沽，為元代京師門户，凡轉輸北京的漕運海運，都經過這裡。由於海運艱難，為保漕運，遂建天妃宮以求庇護。自元至治元年（公元1321年）起，每逢漕運到達，朝廷都遣特使到此祭祀海神天妃，海商出海或靠岸也必來此禱祭。

　　每年三月二十三日媽祖誕辰均舉行廟會，即名聞遐邇的「天津皇會」。每逢此時，民間的法鼓會、大樂會、中幡會、高蹺會等，沿街表演各種技藝，呈現一番盛況。

娘娘會

　　元泰定三年（公元1326年）夏季，廣東有個大古董商人，收購了一大批價值連城的古董，從海上乘船運到北方去賣。當那艘滿戴寶物的貨船途經黑水洋時，不幸遇到了颱風。

　　當狂風捲著巨浪撲面而來，一轉眼船艙裡便灌進了大半海水。面對那即將降臨的船翻、貨失、人亡的災難，古董商哀慟地跪在船頭，對天遙拜道：「求媽祖保佑，董某祈求退財折災。這次若是大難不死，董某一定要在小直沽為媽祖建廟、塑像，月月上香，年年做會。」

天津皇會圖
台灣媽祖聯誼會提供

　　清末留有《天津皇會圖》八十九幅，每幅圖長113公分，高63公分，共畫了一百一十檔花會，四千零六十個人物，栩栩如生地再現天津皇會期間，送媽祖回娘家出巡的盛況。

第二篇　廟會慶典

119

百足真人「蜈蚣陣」造型仿蜈蚣，由多環節連接而成。其環節部份，是用木板做成，每一台板上豎立兩枝涼傘，傘下各有俊俏少年或少女，打扮為歷史典故中的人物。

蜈蚣是五毒之一，嘴邊有銳利的爪鉤，以捕害蟲，有除害作用；頭頂生觸鬚一對，便於察探。故蜈蚣陣寓意著能為眾生除去惡煞凶神，消滅邪魔。在迎媽祖或其他廟會遶境中，一般都以此藝陣做為開路先鋒，稱之為「打頭陣」。

古董商話音剛落，便覺得眼前一片紅光閃耀。站起身來定睛一看，只見一位紅衣女神站在船頭，伸出纖纖玉手向空中輕輕地揮了三下，立即風平浪靜，船身也由傾側搖晃變得平穩了。古董商又驚又喜，正準備拜謝，神女卻隱身而去。

古董商為了感謝媽的救命之恩，平安到達小直沽（天津）後，立即出資修廟。當地商人、船工、漁民聞訊後也都主動籌資捐款以表寸心。而泥、木、油漆工匠們，聽說這位古董商是為了還願而修廟，也都僅收一半的工價。由於規模宏偉，儘管全體工匠不分晝夜地趕工，仍然花了幾年的時間才得以竣工。

從此以後，每逢三月二十三日媽祖生日，天津都要舉辦一次迎神賽會。每年都有花鼓會、法鼓會、獅子會、大樂會、中幡會、重閣會等幾十檔花會到娘娘廟前參加一年一度的進香慶典。天津人把這種專為天后娘娘舉辦的迎神賽會稱之為「娘娘會」，也叫廟會。

各檔花會分別由商業、漁業、航運業、碼頭工人、近郊菜農，乃至外地香客等各行各業、各界人士出資分別籌辦。由於各自的愛好不同，因此每一檔花會形式內容都不一樣，又由於每一檔花會都代表一個行業的文化素養和審美情趣，因此，各行各業都在暗地裡較勁，想比別的行業辦得更出眾。迎接媽祖生日之際，便是各行各業，各界人士比賽花會之時——所謂的「迎神賽會」之說，即由此而來。

皇會

娘娘會主要由「進香」、「歸寧」、「送駕」三個部份組成。

──「進香」──

進香是在三月二十三日這天上午，各路香客，各檔花會統統到娘娘廟前聚齊，並依次為媽祖焚紙、上香、送功德錢或送燈油、捐燈油錢。也有人在此捐款為媽祖神像塗漆、裝金的。更多的則是在當日為媽祖換衣袍、斗篷、獻紅布、獻供果。如果曾因某件事情向娘娘許過願的，也可以藉這個機會還願。

──「歸寧」──

進香儀式結束，「歸寧」儀式開始。「歸寧」便是送媽祖回娘家。但天津離湄洲的距離太遠，不可能將媽祖送回湄洲。只能象徵性地將媽祖送回設在天津城北的閩粵會館。後來隨著參加迎神賽會的人數逐漸增多，便將媽祖的娘家遷到如意庵，並塑有聖父母神像，以便娘娘在「歸寧」之際能與父母團聚，共享天倫之樂。

「歸寧」的儀式是：首先將媽祖從宮內接出來，坐在輦駕上，再由香客鳴炮奏樂地將其送回娘家去。沿途除了數以萬計的崇拜者夾道歡送之外，更有數十檔花會沿途表演、護送，這種護送的過程又叫「出巡」。

出巡是娘娘會的高潮，氣氛最熱烈，場面最壯觀。這天，人們衣著莊嚴筆挺，商店大都張燈結綵，比過年還要熱鬧。

媽祖在「娘家」住滿三天，歸寧的儀式便結束了。第四天上午，又由歸寧出巡時的原班人馬，送娘娘回宮，其程序與送娘娘回家時一樣，只是行進方向正好相反。沿途同樣是數以萬計的崇拜者夾道歡迎，同樣有幾十檔花會沿途表演、護駕，這便是第三項儀式「送駕」。

清朝乾隆年間，有一年的陽春三月，乾隆皇帝路過天津，正好趕上天后娘娘的生日廟會。乾隆皇帝看了各種民俗表演後，忍不住大加讚揚，並恩賜給管事人員幾件黃馬褂和幾面會旗。自此以後，天津人為了感謝皇帝的恩寵，不僅把娘娘會改稱為「皇會」，而且越辦越盛大。清代詩人崔旭有感於當時皇會的盛況，曾寫過一首題為〈詠皇會〉的詩：

逐隊幢幢百戲催，笙歌鐃鼓響春雷；

盈街填巷人如堵，萬盞明燈看駕來。

天津皇會一直辦到民國期間仍未停息。最後一次是民國二十五年，即公元 1936 年農曆三月二十三日至二十七日，時隔不久，日本侵略軍發動了「七七事變」，人們便再也沒有心思和精

力去操辦這一年一度的廟會了。

　　如今，天津人又恢復了歷時千年的
皇會。在這一天，以龍燈、高蹺、旱
船、秧歌、法鼓、中幡、獅子舞和武術
表演為主，街頭熙熙攘攘，熱鬧異常，
成為豐富市民文化生活的盛事。

天津娘娘宮
達志影像提供

　　天津天妃宮，又稱天后宮，俗稱「娘娘宮」，位於
天津舊城東北角。原廟在東岸，元泰定初遭火焚，泰定
三年（公元 1326 年）在西岸又建新廟，每年三月二十
三日媽祖誕辰均舉行廟會，即名聞遐邇的「天津皇
會」。

　　原廟（即東岸的天妃宮）雖幾經修復，但在八國聯
軍時又遭焚毀。現存天妃宮（即新廟）是由山門、戲
台、牌坊、前殿、下殿、後殿等組成的舊式建築群，經
明清兩代多次修繕擴建而成。現大殿主體為明代重建，
其餘多是清代建築。

第三章

台灣三月迎媽祖

　　媽祖自十七世紀隨著閩南移民渡海來台後,即成為台灣人民主要的信仰核心,人們發自內心地敬愛她。

　　每年春天的三月是她的誕辰,人們會為她祝壽和籌備慶典,一直到今天,這個慶典已發展成台灣的文化特色和觀光的重點,全台各地到了這個時候,就會掀起一股媽祖熱的浪潮。

府城迎媽祖

　　台南是全台灣開發最早的地區,擁有全台灣最多的古蹟,以及為數最多的媽祖廟。因此,「府城迎媽祖」是台灣最早的媽祖進香以及遶境活動。

　　台南迎媽祖的歷史由來已久,其中以清朝南北路媽祖會香府城,是台灣第一也是最大的媽祖會香活動,在當時可謂

香火—台灣媽祖進香行
首部舞劇
台北民族舞團提供
蔡麗華編舞 蔡德茂攝影

朝聖、感恩、祈福之作

潮水浪捲
香火淹旋
媽祖在雲端呼喚
走過娑婆人海的翻騰
行過千山萬水的曲折
媽祖在慈悲庇佑
以舞履印證進香文化的傳奇
以心靈體悟宇宙神人間的交感共振
尋找薪火相傳的感動
(文字為該劇海報文案)

轟動全台，連現今規模最大的「大甲媽進香」仍瞠乎其後。

俗諺：「眠床戲棚上，大厝媽祖間。」就是形容當時台南地區民眾為爭睹媽祖出巡，以戲棚為床，以媽祖廟為房，徹夜等待的盛況；而清進士許南英更為此宗教活動留下了「春晚羅衫適體輕，買舟廿日渡安平，旌旗簇擁天妃過，茶果香花夾道迎。」的美妙詩句。

到底台南迎媽祖有什麼歷史淵源？原來距今一百五十幾年前的清咸豐年間，北港「朝天宮」至台南「大天后宮」奉請三媽至「朝天宮」鎮殿，自此以後，台灣府城的居民，每年的農曆三月十四日，都會迎奉夙稱顯靈的北港媽祖至府城遶境，當時「焚香迎送者，日千萬計」，可見熱鬧的程度。

當北港三媽迎至台南郡城時，台南各境廟皆出轎至北門外迎駕，北港媽祖當日住駕於西城外藥王廟，隔日由主事者手捧媽祖沿街至「三郊」（註1）總部水仙宮、再至大天后宮回鑾，接受信徒進香祭拜後，再由台南各境廟神轎陪同遶境二日，隨後離城回北港，這是每年必舉行的媽祖慶典。

籐雕媽祖

台南正統鹿耳門聖母廟提供

經藝術史家鑒定此尊神像可能是明代的傑作，原因是媽祖端莊秀麗，神采非凡，煥發出一股樸厚之氣，似非清人所能及。

跳鼓陣

版畫　林智信繪

「跳鼓陣」亦稱「大鼓陣」、「大鼓弄」，據說源於明代軍制。施琅攻台後，仁人志士習武反清復明，恐為清吏知悉，以花鼓及鑼鼓取代軍鼓操練，避人耳目。後演變成今之跳鼓陣，看來動作輕快活潑，節拍富韻律，並符合宋江練兵陣法。

跳鼓陣表演者以奇數為隊，一人腹前繫大鼓做為整隊活動的中心，隊中每二人為小隊組，由一人撐傘，一人打鑼，隨著鼓的節奏，邊敲邊跳。其表演的內容有跳四門、空穿、什花、十字什花、涼傘穿鑼、開花、合圓等。

遊行隊伍中的藝閣
台南市立文化中心提供

藝閣，相傳是由信徒從泉州廈門引進台灣，至今約有三百多年的歷史。剛開始時，以木板搭建閣棚，加以佈置裝飾，並由能歌能彈的南管樂曲藝旦，打扮成歷史詩詞或小說典故中的各個角色，坐在閣棚的閣台上，演唱南管樂曲，並由四至八個壯漢扛抬遊街，頗受愛好南管音樂及詩人墨客的喜愛。早期原本用人力扛抬的藝閣，後來改用牛車、木輪車、電動車、大貨車，閣上的裝飾也更多了彩繪、花雕及至於各種科技的聲光特效，最後演變成今日的「電子花車」。由此可以想見社會與科技進步的影響，也使得藝閣有更多元化的發展。

府城迎媽祖有兩項特色最引人注目，一是陣頭繡旗，一是藝閣詩意，繡旗本來就是台南市三郊集團各行郊的旗幟，歷來迎媽祖活動郊商出陣頭必有旗號，但後來演變成在旗面上大做文章，務必勝過他人而後快，各個陣頭、各種行業，藉機炫耀一番，琳瑯滿目，奢麗豪華，自不在話下，而旗面之大，甚至有數人方能扛行，像這樣的旗隊達百幅以上，因此當時有俗諺：「台南迎媽祖，百百旗」，形容其況讓人嘆爲觀止。

另一特色詩意係遊行隊伍中的藝閣，是爲配合迎媽祖的熱鬧氣氛而設計的，裝扮者扮成歷史故事的人物角色，其故事有取自台南事蹟者，如：逸士種梅、孝子尋母、義馬報恩、節婦訓子等。故參與迎媽祖活動的各藝

媽祖船揚帆入府城
台南鹿耳門天后宮提供

全省獨一無二的媽祖船，揚帆入府城，參加「百百旗」民藝華會遊街市。

百百旗
台南鹿耳門天后宮提供

百百旗，顧名思義是百面大旗的總稱呼。約在六十年前，古都府城台南「迓媽祖」，名聞遐邇，每當遶境節慶，來自四面八方的信眾，紛紛趕到府城看熱鬧。而所有的遊行項目中，百百旗隊是最風光的；各行各業競相把他們的經銷品、產品以鑲、掛吊、繫結等方式，裝飾成各形各樣，五花八門的大旗，再由人扛抬參與遊行盛會，藉以廣做宣傳。因此當時有俗諺：「台南迎媽祖，百百旗」，形容其盛況讓人嘆為觀止。

閣詩意無不爭奇鬥豔，形成台南迎媽祖的另一項特色，後來全台灣各地的迎神賽會無不繼之模仿，演變到現在出現聲光效果奇特的電子花車。

　　至日本昭和十二年（公元 1937 年），中國發生盧溝橋事變，日本人為防止台灣人藉由廟會活動凝聚民族意識，遂通令各地禁止舉辦廟會，「府城迎媽祖」的進香活動因此宣告中斷。

　　台灣光復後，在民國四十一年（公元 1952 年）恢復了「府城迎媽祖」的進香活動，但是已改為每三年舉辦一次。每逢鼠、兔、馬、雞年的農曆三月二十、二十一日，都可以在台南市街上看到熱鬧又具有文化內涵的「府城迎媽祖」盛會。

註1：「郊」指的就是以前商行的工會組織，類似今日的商業同業工會，掌控著台灣經濟貿易的動脈；當時的「府城三郊」是一個大組織，即北郊蘇萬利、南郊金永順、糖郊李勝興等大郊商。除主管大天后宮廟中庶務及主持祭典活動外，其主導的貿易遍及南台灣各廟口，故媽祖信仰興隆不衰。

北港媽祖遶境巡安

北港朝天宮的「北港媽」神威顯赫，除了各地的分靈媽祖廟會在媽祖聖誕日前，趕來朝拜之外，北港朝天宮所舉辦的祭典，更是熱鬧到最高點，是所有媽祖祭典中最具規模的活動。

北港媽的慶典，是以遶境巡安為主，源由可追溯到清康熙三十三年（公元1694年），朝天宮開廟住持樹壁和尚自湄洲朝天閣奉請媽祖神像來台，在三月十九日登陸笨港（今北港）。地方信徒援例每年回湄洲謁祖，回駕到北港時舉行盛大的遶境活動。後因臺灣割讓日本，海疆亦日益險惡，謁祖行程因而停止，但地方信眾為紀念此一例行謁祖活動，仍迎請聖母遶境。

北港舊名笨港，以笨港溪為界，分為南、北港。因此，「媽祖出巡」第一天（三月十九日）為南巡，第二天（三月二十日）為北巡，遶境隊伍十分龐大，有陣頭、藝閣、花車和成千上萬的隨香信徒，行列長達四、五公里。

香盛期間全省各宮廟組團前來進香盛況。

每年春節開始至三月二十三日媽祖誕辰，便會出現一波一波前往北港朝天宮進香的人潮。這些善男信女浩浩蕩蕩地前來，進香隊伍少則數百人，多則數十萬人。

其中最引人注目的是「藝閣」，其數量之多、手工之精巧，可謂全省之冠。當神轎出現，沿途的商家與民眾會用堆積如山的鞭炮置於轎底，來個震耳欲聾、火光四射的「炸轎」。煙硝瀰漫的聲光效果，令觀者既興奮又害怕。

持續兩天的「媽祖出巡」，將北港鎮變成一座熱鬧璀璨的不夜城，來自全省各地廟宇及海內外的進香團超過百萬人；隨團前來的八家將、神偶團、舞龍舞獅及各種民間遊藝隊表演，熱烈的景象令人目不暇給。

藝閣老照片
雲林北港朝天宮提供

　　藝閣源於唐宋時代的「山車」與「陸船」。前者是在車上搭棚閣，加以彩飾做成山林之狀，並裝扮神仙故事在其中。「陸船」是竹縛成船形裝飾彩繪，人就在其中扛著行走。這兩種都可以活動自如，並有樂工演唱彈奏配樂。山車、陸船發展到明清時，隨著開臺先民傳進臺灣。

媽祖誕辰
雲林北港朝天宮提供

　　農正月一日起至三月二十三日媽祖誕辰，全省各宮廟組團前來進香盛況。

80-90年代現代藝閣
雲林北港朝天宮提供

　　最早北港的藝閣都是在正月十五元宵節夜間遊行，稱為「上元祭」，在民國五十四年後才改為花燈展，藝閣則改在三月二十三日媽祖生登場。

　　現代的「藝閣」借助了科技乾冰的煙氣，在燈光照射更是其妙無比。在迎神賽會中與各種陣頭融合在一起，藝閣與各種陣頭合稱為「藝陣」。目前廟會的藝閣遊行，以北港朝天宮的藝閣最為盛大，每年吸引成千上萬的觀光客。

收支公簿
雲林北港朝天宮提供

　　同治 10 年（公元 1871 年）至民國 73 年（公元 1984 年）北港地方舉行神明會的經費收支公簿。

大甲媽祖進香

　　大甲媽祖進香遶境活動，始於大甲鎮瀾宮創建之時的湄洲進香活動，當時均由大安港或溫寮港直接駛往湄洲，清朝時期大約每二十年舉辦一次，一直延續到日治時期，大安港廢港，因日本政府嚴禁台海兩岸往來，於清末民初之際，前往湄洲進香活動因此停頓。後藉因常往返於大甲與北港牛墟的牛販，買賣牛隻的經濟活動，造成民間祈神還願，答謝神恩的宗教行為，形成了大甲組團前往北港朝天宮進香的濫觴。

　　1987年，適逢媽祖成道千年，湄州祖廟邀請海內外人士回祖廟參加活動，前往了媽祖誕生地——港里天后祖祠參拜。自此以後與祖廟香火之緣再度延續。而年度遶境進香則於1988年改至往新港奉天宮至今。

　　目前台灣地區規模最大的宗教盛事，首推台中縣大甲鎮瀾宮的遶境進香，除了遠赴大陸湄洲謁祖之外，最有名的就是大甲媽出巡遶境活動。

　　每年農曆三月，來自各地的十餘萬信徒組成聲勢浩大的進香隊伍，由大甲鎮瀾宮為起點，在八天七夜中徒步來回至新港奉天宮。遶境隊伍跨越中部沿海四個縣（台中、彰化、雲林、嘉義），十九個鄉鎮，六十餘座廟宇，跋涉兩百多公里

　　在廟宇出陣參加遊藝陣容中，神輿要壓隊後，而抬神輿的轎伕，依傳統要在其所著衣裳上，印繡所屬廟宇主神之名號，以表端莊而利識別，神輿的前旁，習慣上要撐支華蓋涼傘，和神輿搭配，以示敬神。本延平郡王之神輿及轎伕，踩八卦步的姿態來扛抬神輿；如是步伐，看來莊重中兼有穩健，有所謂「神明在在」之意，這種步伐是扛「武神轎」時所用。

祝壽大典

賴境塘攝影 台中大甲鎮瀾宮提供

祝壽大典於上午八時舉行，由大甲鎮瀾宮董監事率領所有信眾，齊聚奉天宮大殿前，一起為天上聖母祝壽，虔心祝禱、誦經讀疏、三跪九叩，祝賀媽祖萬壽無疆。

起駕典禮

林祥雄攝影 台中大甲鎮瀾宮提供

在起駕前，鎮瀾宮董監事率領信徒，跪在天上聖母轎前，恭請媽祖起駕遶境，庇佑眾人隨駕進香一路平安。

路，熱鬧的場景令人嘆為觀止。

　　每年大甲媽祖遶境進香的日子並不固定，都是在當年的元宵節由寺廟董事長擲筊決定進香出發的日期與時辰。

　　在整個八天七夜的遶境活動中，依照傳統的禮儀，分別有祈安、上轎、起駕、駐駕、祈福、祝壽、回駕、安座八個主要的典禮，每一個典禮都必須按照一定的程序、地點及時間來進行，一點都馬虎不得。

八大典禮

──祈安典禮──

典禮時間定在出發前一天的下午三點舉行，祭祀前必須備妥各項祭品，藉由誦經、讀疏文的過程向天上聖母稟明今年遶境各項事宜，並祈求媽祖庇佑全體參加之人員，平安順利。

──上轎典禮──

上轎典禮定於出發前一日下午五時舉行，也就是在祈安典禮之後，在眾人的歡呼聲中，由達官貴人恭請天上聖母登上鑾轎，並祈求天上聖母遶境賜福於沿途庄頭的信徒，庇佑大家在未來的一年都能平平安安、順順利利。

──起駕典禮──

這裡所謂的「起駕」是指媽祖的鑾轎在凌晨零時那一刻，由神轎班的人員將神轎抬起，正式前往新港奉天宮而言。在神轎起駕前，所有的鐘、鼓、哨角齊鳴，並由鎮瀾宮董監事率領信徒，跪在天上聖母轎前，恭請媽祖起駕遶境進香，庇佑眾人隨駕進香一路

舞獅
陳金泉攝影
台中大甲鎮瀾宮提供

舞獅、舞龍是非常傳統的民間藝陣，因獅子避邪、祥龍獻瑞深得民眾歡迎。尤其是數頭粵獅的花式表演或廣場上的翻騰巨龍，均是大家注目的焦點。

媽祖鑾駕
黃晨淳攝影

在進香隊伍中壓陣的是媽祖神轎，神轎所到之處炮聲隆隆不絕於耳，據民間傳說大甲媽祖的神轎特別具有靈性，因此進香八天的時間隨時有人來摸一下，抬一段，不少人樂此不疲。這座大轎是藤身木座，外披刺繡，轎頭旁亦有一藍一紅小燈，轎桿為上榆木製成，全程均由人扛。

步行進香
郭英平攝影
台中大甲鎮瀾宮提供

雖然現代交通發達，但仍有許多虔誠的信徒隨媽祖鑾駕，徒步行走二百餘里的路程，沿途並有許多中外媒體隨行報導。如此規模盛大的進香活動早已成為台灣的一大宗教奇觀。

鬥春牛
版畫 林智信繪

在周朝進入牛犁耕時代，就有以牛相鬥取樂的風俗。「鬥春牛」有黃牛陣與水牛陣之分，每陣要有兩頭牛、二位牽牛人、一位和事佬及伴奏的樂器。道具的牛是以竹、藤做成骨架，上面披縫牛顏色的堅韌厚布，再繫鈴鐺結紅布條，綁上牛繩，為「春牛」。由雙人為一組，各躲入牛肚裡操作。首先，兩牛為爭地盤，牴角相鬥，牽牛人則大聲吆喝，想把自己的牛拉開，沒想到越拉越靠緊，牽牛人也互相以俏皮話相罵扭打，弄得滿身污泥、大汗淋漓。最後，和事佬出面勸和，雙方握手言歡，結束一場刺激的演出。

平安。

　　整個起駕典禮，嚴格來說應該自下午三時的祈安典禮開始，經過誦經、讀疏、登轎，一直到凌晨零時，媽祖神轎抬起出發的整個過程為止。隨著媽祖神轎起駕的一瞬間，人心沸騰，遶境活動的氣氛高昂到了最頂點。

────駐駕典禮────

　　經過三天的跋涉，於下午媽祖神轎終於抵達新港，在

新港市區遶境後，約於下午七時進入新港奉天宮。入宮以後，媽祖神尊離轎登殿安座，並備妥各項祭品，由董監事率領隨香眾人在奉天宮誦經讀疏，感謝媽祖庇佑，已經全體平安抵達新港，叩謝神恩。

——祈福典禮——

媽祖駐駕後的隔天凌晨五點在奉天宮大殿舉行，同樣必須要備妥相關的祭品，並且誦經、獻疏文為所有在鎮瀾宮參加點光明燈、拜斗的信徒舉行祈福儀式，同時也祈求媽

祈福

上圖／鄧尊仁攝影
下圖／林嬌容攝影
台中大甲鎮瀾宮提供

「倮轎腳」原本不是求平安之意，它的原意是信徒有事求媽祖解決，因自己一介凡人無啥貴重之物答謝，發願奉獻金牌，增添媽祖的光彩，並以自己的身體當成媽祖登轎的「腳踏椅」是極為隆重的謝禮。然而到了今天已演變成信徒求平安、消災解厄的行為了。

「倮轎腳」的場面十分壯觀，每每大排長龍，造成大轎行進的困難，但大轎班的人員總是很有耐性的讓每一個人倮過，讓媽祖保佑所有信徒閤家平安。

祖賜福於芸芸眾生。

——祝壽典禮——

繼祈福典禮後於上午八時舉行，備妥祭品，由董監事率領所有隨香信徒，齊聚在奉天宮大殿前，一起為天上聖母祝壽，虔心祝禱、誦經讀疏、三跪九叩，祝賀媽祖萬壽無疆。當典禮接近尾聲，眾人舉旗歡呼，就在清脆的鈴聲中、壯觀的旗海裡，將那一股虔誠之心推到最高點，此時是最感人的時刻，也是整個遶境活動的高潮。

——回駕典禮——

回駕典禮是遶境活動中在奉天宮舉行的最後一個典禮，晚上回駕前夕，由鎮瀾宮董監事率所有信徒，在恭讀回駕祝文後，恭請天上聖母登轎回鎮瀾宮，祈求媽祖庇佑眾人平安踏上歸途。典禮最後由嘉義縣新港奉天宮及各界人士恭送大甲鎮瀾宮天上聖母回駕。

從駐駕、祈福、祝壽到回駕四個典禮都在新港奉天宮舉行，其中以祝壽典禮場面最為浩大，也最讓人感受深刻，除了當初跟隨媽祖鑾轎一路從大甲出發的隨香客之外，有更多是遠從台灣各地而來的虔誠信徒，他們有的是放下手邊的工作、有的是暫忘身體的病痛、甚至有的已經是步履蹣跚，但是他們都堅持一定要到新港為媽祖祝壽，這份虔誠的心，不禁讓人感動。

——安座典禮——

經過八天七夜之後，整個媽祖遶境進香活動即將結束，當天上聖母回到大甲鎮瀾宮，登殿安座，董監事率眾

報馬仔

賴秀雲攝影
台中大甲鎮瀾宮提供

報馬仔即探子馬，是進香團的急先鋒，負責察看前方的路境是否安全，隨時回報媽祖路況，並且沿途敲鑼通知信眾收拾晾曬衣物，準備香案迎接媽祖。

報馬仔的造型相當逗趣，身穿羊毛襪以禦寒，戴老花眼鏡表示他看得清楚，帶茶壺、留燕尾翻鬚、吸旱煙管，喝葫蘆酒表示他灑脫自在，攜帶豬腳、韭菜表示他不受餓且長生，腳貼五彩圓紙因腳生瘡，表示人生難免不全，著一隻草鞋表示他辛苦得鞋掉了一隻也不在乎。他的滑稽裝扮每每讓人留下深刻印象，在莊嚴的迎神過程中讓人會心一笑。

人叩謝媽祖庇佑眾人平安回到大甲，恭請媽祖永鎮在宮，降賜禎祥。

安座典禮之後，可以說整個遶境活動已經完全進入尾聲，儘管如此，此時的大甲宛如一座不夜城，眾人在一片歡樂的氣氛中互道珍重，相約明年再跟隨大家的「大甲媽」一起出巡遶境。

引導
余國輝攝影
台中大甲鎮瀾宮提供

　　每年盛大的媽祖進香活動，凝聚了信徒的向心力；信徒們歷經長途跋涉的進香，或以迎駕、佈施、鑽轎腳等方式表達虔敬之心，也強化了宗教信念。進香盛會也成為敬神、娛民、洋溢濃厚鄉土情懷的時刻。

迎媽祖版畫的故事

林智信

　　1936年出生於台南縣紅瓦厝仔（歸仁村），台南師範藝師科、師專畢業。是全方位的藝術家，在版畫、雕塑、交趾陶、水墨、油畫、琉璃……等都有傑出的成就，近年則專於油畫創作。

　　大師作品獲獎無數，曾先後獲中國畫學會金爵獎、台灣省政府藝文獎、國立歷史博物館榮譽金章、中國文藝協會文藝獎章、北京版畫世界魯迅獎、中華民國版畫學會金璽獎、全球中華文化藝術薪傳獎優等獎……等。1999年獲得日本現代美術協會免審資格、2004年英國劍橋IBC（國際名人傳記中心）更頒給21世紀終生成就獎及達文西鑽石獎。

　　除為台灣第一位被邀請在大陸舉行個展覽（1987年）的藝術家外，大師並曾多次應邀至韓國、日本、美國、荷蘭、烏拉圭、西德、澳洲等國家舉辦展覽。

　　繼《迎媽祖》長卷版畫之後，大師正積極創作挑戰五十幅150號油畫連作《芬芳寶島》。由台灣北部開始，經過中央山脈，至台灣屏東，畫家將留下台灣的好山好水以及勤苦奮鬥的小人物，重現美麗寶島的一切。

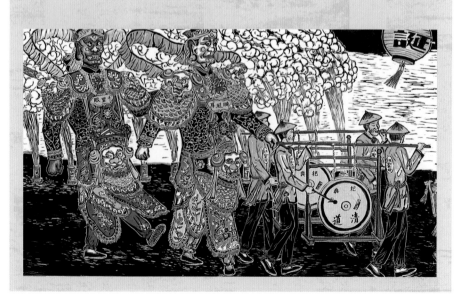

《迎媽祖》長卷版畫

　　共六十八幅總長 135 公尺的《迎媽祖》版畫，是藝術家林智信花費二十年的時間，蒐集資料、草繪、刻版、拓印、彩繪於 1995 年完成的鉅作。不僅已創下世界上製作最大的版畫而揚名於世界，更已被列入國家級文物，由歷史博物館編印畫冊、手卷、紀念郵票，並經常代表國家至世界各地博物館展出。

《迎媽祖》版畫特色

　　這幅大型版畫作品，是依據台灣文獻記載、傳說，以及畫家幾十年來親自目睹觀察的心得，以民俗性的記錄與藝術性表達兩者合創而成。全幅畫中沒有重覆的項目，畫面的構圖講求變化，線條的粗細、人物的聚散與強弱、起伏、律動等視覺效果都不敢掉以輕心；遠近的物象、人物採多視點技法來描畫，具有東方

藝術的特色。在彩繪上，色彩不被物象所拘，以色層重疊、肌理變化，釀出質量感。彩筆所落之處自然、豪邁、不造作，並且具有拙樸感，氣韻生動中不滯色，使它有律動感；顏色的彩度上，則拋棄前人以淡墨著色的窠臼，創造出詮釋畫作的特殊符號；具有東方意味，突顯豔陽普照的南台灣民俗氣息，再加上台灣廟宇上五彩繽紛的彩瓷剪黏所呈現出諸多特色的感受，才落筆下彩，雖然彩度高些，卻帶點原始、民俗意味，這種色彩不但具有時代性並賦有生命力，呈現出朝氣蓬勃的活潑畫面。

上圖為三姑六婆與十二花神花車圖
下圖為八家將與七爺八爺圖

第 三 篇

媽 祖 行 宮

　　隨著造船業和航海業的發展，無數漂洋過海的華人將媽祖信仰傳遍五洲四海。如今，全世界已有媽祖廟近5000座，信眾近二億人。

　　媽祖廟遍布中國海域內陸、台灣各地、新加坡、馬來西亞、香港、澳門、日本、印尼、泰國等地，就連在巴西、加拿大、墨西哥、丹麥、非洲等地的華人居留地，也有媽祖廟的蹤跡。在法國巴黎的「眞一堂」，更稱媽祖爲「國際和平女海神」。

　　媽祖信仰——媽祖文化已成爲華人及其後裔維繫民族意識的重要一環，世界各地的媽祖廟宇，亦是華人遷徙的文物象徵。

第一章

澳門

　　五百多年前，現在的澳門並不叫澳門，而是叫濠鏡，屬廣東香山縣管轄。葡萄牙人從澳門半島的西南端登入後，根本不知道那裡的地名，便問一位正在媽閣廟裡進香的婦女。因為語言不通，婦女以為是問媽祖廟名，便答以「媽閣」，葡人於是稱澳門為「MACAU」。

　　「MACAU」—澳門一直沿用到今天，使澳門成為第一個以媽祖命名的城市。

澳門媽祖閣
達志影像提供

　　媽祖與澳門（MACAU）外文名稱的來源有著不可分割的關係，因此有數百年歷史的媽祖閣也早已成為澳門的標誌之一。而中國最早出現的照片，就是拍攝澳門媽祖閣的照片。1839年照相機發明，五年後，法國一名海關人員於1844年在澳門拍攝了媽閣廟山門和天后大殿。

　　媽祖閣背山面海，沿崖建築，古木參天，風光優美。中國式的古建築群，飛檐凌空，畫棟雕樑，顯得恢弘壯麗。

媽祖閣一景
達志影像提供

媽祖閣在明萬曆年間
（公元1605年）、崇禎年間
（公元1629年）有過兩次修
葺。石殿橫額上書「明萬曆
乙巳年德字街眾商建」、
「崇禎己巳年懷德二街重修」
等字。德字街和懷德街二街
均是福建商行雲集之地，財
源茂盛，故而工程浩大，使
這座媽祖廟顯得恢弘壯麗。

媽祖閣

　　澳門的媽祖閣廟始建於明朝成化年間（公元1465-1487
年）。在建廟之前，這個名叫濠鏡的地方還是個荒涼的海灣，
後因香山、珠海等地漁民相繼遷到這裡來定居，便有了幾個
小漁村。

　　離別自己的故里，到濠鏡安家落戶的漁民，更加渴望得
到媽祖的保佑。於是，他們紛紛解囊，在澳門半島的西南端
建起了一座媽祖閣。後經歷代維修、擴建，一直保留至今。

　　澳門媽祖閣包括大殿、石殿、弘仁殿和觀音閣等四棟主
要建築，是一處富有中國特色的古建築群。在這建築群中，
歷史最為悠久而且有據可查的，該推地處半山腰的弘仁殿。
它是澳門史冊上記載的第一座廟宇，建於明朝孝宗弘治元年
（公元1488年），殿內中央供奉著天妃媽祖神像。四壁雕刻著
輔助媽祖為民消災降福、補運濟時的天兵神將。

　　弘仁殿的創建，起因於一樁富有神話色彩的故事：相傳
明朝的時候，閩人駕船舟來澳，一位媽祖化身的老婦，登舟
隨行，一夜之間，船疾馳數千里，安抵澳門，而老婦一上岸
即失去蹤影。事後，澳門的閩人與當地百姓商量，就在濱海
處建弘仁殿，塑像奉祀。

　　當年，弘仁殿的大門及牌坊等處都是海濱，四路香客只

能從後宮山小徑出入。後來，由於香火漸盛，才增建了石殿和大殿。

　　大殿是媽祖閣裡最大的建築，雕樑畫棟，金碧輝煌。從清道光九年（公元1829年）起，澳門媽祖閣又陸續增建了殿廊、門坊以及精湛雅麗、耀人眼目的華閣殿。據說，媽祖閣的大殿因香火過盛，竟於1988年的一個夜晚毀於一場大火，整座大殿除了石砌的牆壁外，幾被化為灰燼；但奇怪的是，唯獨那尊媽祖的金身塑像卻在熊熊烈火中安然無恙。

　　如今，澳門媽祖閣既是古蹟，又是名勝，沿崖而建的媽祖廟宇，環境幽雅，風光絢麗。站在廟裡，但見蒼山巍峨，碧海迴波；登上山頂，雲垂滄海白，潮湧萬山青，珠江口外，茫茫一片，蔚為壯觀。媽祖古堡，東側依山就勢，建起葡萄牙式的聖地牙哥酒店，更襯托出媽祖閣古色古香的情調。

萬派朝宗閣

　　媽祖文化作為中華民族優秀傳統文化的一份珍貴遺產，在澳門數百年歷久不衰，見證著澳門的滄桑與發展，不斷發出絢麗多彩的光芒，始終振奮著人們熱愛和平、助人為樂的信念。圖為媽祖閣內的萬派朝宗閣。

澳門媽祖文化村

　　自從興建了媽閣廟，媽祖就成為澳門人重要的精神寄託，並一直是澳門人崇敬的神靈。因此，1998年的媽祖昇天紀念日，澳門政府在路環島疊石塘山的天后宮前矗立一座全世界最高的的漢白玉媽祖雕像，並舉行隆重的開光典禮，雕像高19.99公尺，由120塊漢白玉雕刻而成，總重量超過500噸。

　　隨後，經過縝密的規劃，在2001年底的時候，以全球最高的媽祖雕像為軸心的龐大宗教文化旅遊區——澳門媽祖文化村開始興建。

天后宮開幕典禮

澳門中華媽祖基金會提供

澳門媽祖文化村的主體
建築物—天后宮於 2004 年
舉行落成慶典。天后宮的建
築風格按照中國古建築的傳
統規制設計和建造，是集閩
南古建築藝術、宗教、民
俗、文化、休閒等價值於一
身的媽祖宮廟。

媽祖文化村由天后宮、博物館、香客山莊、素食館、登
山纜車以及其他配套設施組成，依山而建，氣勢磅礡，設施
齊備，集宗教、文化、旅遊於一體。與澳門相同，它是全球
第一座以媽祖為名的大型文化村。

澳門天后宮

澳門現有媽祖廟近 10 座，而且廟齡都在百年以上。除
500 年歷史的媽祖閣外，位於氹仔島的天后宮建於乾隆年間，
而路環島的天后古廟建於康熙年間，蓮峰廟的歷史也很悠
久，已超過 400 年。這些建築不僅記述了媽祖文化在澳門傳
播的歷史，也記述了福建籍人在「澳門人」形成過程中的
「輩分」。

其實，澳門最早的居民之一，就來自媽祖的故鄉——福
建。據史料記載，早在南宋被元朝滅亡之前，其政權中心一

度從臨安（杭州）移到福建。這段時期，福州就有很多人參加了南宋軍隊。但不久南宋政權又不得不放棄福建避亂廣東，戰線也隨之南移。最後，有一場決定其命運的大海戰，就在臨近澳門的伶仃洋與崖門之間海域展開。當時，幾千艘的宋元戰艦在這裡互相廝殺，元軍勢強，勢如破竹；宋軍疲憊，潰不成軍，數十萬南宋將士葬身海底，大宋江山從此滅亡。

也就在這場悲壯的海戰之後，少數未戰死的南宋軍人逃至濠鏡澳（即澳門半島）藏身。據說，這些南宋軍人就是最早抵達澳門的福建人。因為，在南宋與元朝最後決戰的南宋軍隊當中，必有一部分福州人。至此往後，情為人所繫，到澳門定居的福建人越聚越多。而今，澳門45萬常住人口中，平均每四人就有一人是閩籍。

隨著時間的推移，媽祖文化也隨著一代又一代閩籍澳門人的播揚，逐漸成為澳門多元文化的重要組成部分，成為澳門社會珍貴的歷史文化財產，媽祖更成為澳門人心中善良、博愛、和平、安寧和吉祥的偶像。

因此，自幼對媽祖文化有著深深眷戀的澳門福建同鄉總會會長顏延齡，便於1998年組織一些有心人士，成立了一個以弘揚媽祖文化為宗旨的民間團體——澳門中華媽祖基金會，並投下鉅資籌建一座集宗教、文化、民俗、旅遊於一體的「澳門媽祖文化村」。

大殿

澳門中華媽祖基金會提供

天后宮大殿是木石結構，金黃色琉璃瓦屋面配以閩南式燕尾大脊，脊頂以彩瓷塑「雙龍朝寶塔」，飛檐有各色堆剪和捲草花飾，殿前台明正面砌六幅青石浮雕，踏步中部嵌一幅「九龍勝雲」浮雕御路石，整座大殿外觀氣勢恢宏。

大殿前廊八根圓形透雕青石大龍柱及大量石雕，絳紅色椰扇形窗，繪有大量寓意喜祥如意的圖案。大殿樑柱間的大部分彩繪以媽祖故事為主題，描金厚彩，富麗堂皇。殿內供奉一尊高三點八米、寬二點一米的媽祖坐像。

梳妝樓

澳門中華媽祖基金會提供

梳妝樓是媽祖日常起居之所，是天后宮建築群重要組成部分，亦是大型媽祖宮廟佈局必須建築，依閩南古建築風格建，為二層仿古樓閣，以石木結構為主，面積近三千尺。並按照梳妝樓傳統佈局，二樓安放觀音神像，供香客朝拜。

大三巴牌坊是「澳門八景」之一，位於炮台山下，左臨澳門博物館和大炮台名勝，下連68級石階，顯得巍峨壯觀。

大三巴牌坊是聖保羅教堂的前壁遺跡。教堂建成於1637年，體現了歐洲文藝復興時期建築風格與東方建築特色的結合，是當時東方最大的天主教堂。聖保羅教堂先後歷三次大火，屢焚屢建，在1835年的第三次大火中被毀後就僅存教堂正門大牆至今。因為它的形狀與中國傳統牌坊相似，所以俗稱「大三巴牌坊」。

大三巴牌坊與澳門媽祖閣一樣已成為澳門的象徵之一，也是遊客澳門之行的必到之地。

2001年初，澳門媽祖文化村的代表性建築——天后宮正式動工興建。據說風水師是在媽祖的指點下選擇了這林木茂密的疊塘山。就在眾人還在傷腦筋沒有平坦之處怎麼能建廟呢？但一開工就挖到了一個又開闊又平坦的大石塊，於是新廟工程順利於2003年竣工落成。

天后宮坐落在澳門路環島的疊石塘山上，佔地近7000平方公尺，是澳門迄今規模最大的廟宇。

這座媽祖行宮係按照閩南古建築風格設計建造，並參照福建、台灣等地媽祖廟的傳統規制佈局。通過宮前長達60餘米的階梯，走進厚實華麗的牌坊式山門，方形的主體建築中央是漢白玉圍起的祭壇。一條迴廊把大殿、梳粧樓、鐘樓和鼓樓等建築連為一體。坐西朝東的天后宮主殿氣勢恢弘，高達三公尺的媽祖塑像鳳冠霞帔，慈眉善目，儀態端莊。樓臺宇頂雕龍飛檐，金色琉璃熠熠生輝。

澳門人原本就非常敬仰媽祖娘娘，自天后宮開始蓋建，人們敬拜媽祖更為虔誠。2003年，「SARS」肆虐，人心惶惶，但緊臨最大疫區的澳門，卻能平安渡過，無一例原發性病例。澳門人都深信這正是媽祖對澳門特別的庇護，給了人們應對災難的智慧、勇氣和力量。

香港天后廟

香港古名「紅香爐」。這一名稱的來源有兩種傳說，其一說島上媽祖廟廟門正對孤懸海中的一塊紅色小礁，這小礁形如香爐；其二說某年有個紅色香爐隨海潮漂到島上的媽祖廟前，也不知它原在何處。附近居民將它撈起供在媽祖廟中。後來有福建漁船來到這裡，認了請回福建，可是不久紅香爐又漂到這裡來，當地人覺得這是媽祖顯靈，便取名「香港」。傳說中的媽祖廟，就是銅鑼灣的媽祖廟。

據說此廟建於清康熙（公元 1662-1721 年）之前。

香港的媽祖廟據稱在宋代就已修起，初名「林氏夫人廟」，元朝末年，建於元朗大樹下的媽祖廟漸為墟場，隨著人口的發展，漸出現十八個鄉村，人稱「元朗十八鄉」。元朗十八鄉是媽祖信徒心目中的聖地，每年媽祖誕辰，均有十萬人在此焚香朝拜，可謂規模宏大。

北堂天后廟

　　香港地區有媽祖廟六十餘座，平均十七平方公里就有一
座，都稱做「天后廟」，多分布在沿海昔時漁村附近。現存最
古老的媽祖廟是清水灣的「北堂天后廟」。

　　1955年，在北堂天后廟後山發現一處摩崖石刻，爲南宋
在此任鹽官的嚴益彰所撰。記述當時的東龍島（今南堂島）
山頂建有一座石航標塔，稱南堂塔。下有俗稱「南佛堂」的
媽祖廟。

　　相傳在北宋淳祐七年（公元1247年），莆田人林族後裔
林長勝帶領全家坐船赴香港任鹽官職，不料中途遇颱風，其
子松堅、柏堅兄弟落海，幸得媽祖相救，一家三代才得以平
安相聚東龍島，於是建廟謝媽祖。不過此廟已不存在了。

　　現在的天后廟是林氏兄弟在十九年後，即咸淳二年（公
元1266年）在東龍島對面的清水灣建的，就是現在人們稱爲
「北佛堂」的「北堂天后廟」。近千年來，這座天后廟一直由
林長勝的後人管理，直至二十世紀三十年代才移交給當地政
府接管。

　　傳說，古代南佛堂燒元寶不見青煙，敲鐘不聞鐘聲。而

對面的北佛堂卻青煙裊裊，鐘聲陣陣。至今尚有歌謠唱道：「南堂敲鐘北堂響，南堂焚寶北堂煙」。因而北佛堂名聲日遠。每逢媽祖誕辰，珠江口一帶漁民百姓都要到這廟來進香，稱該廟爲「大廟」。

香港市區亦存有多座媽祖廟，如位於香港仔的天后古廟，位於上環的天后廟，位於九龍長沙灣的香港朝天宮，以及位於油麻地、土瓜灣和九龍城等處的天后廟，都爲這座頗具殖民色彩的城市，徒添了許多民族文化的光彩。

廟街天后古廟
香港地方提供

早在九龍割讓給英國時，油麻地已有小型天后廟。現有的天后廟建於1875年，位於眾坊街、上海街及廟街交界。天后廟廟宇一連五座，由南至北分別爲書院、音樓社壇、天后廟觀、城隍廟及觀音樓。無論廟內或建築物頂部仍然保留大量文物，亦為香港最著名的天后廟之一。

廟街天后古廟

早在九龍割讓給英國時，油麻地已有小型天后廟。現有的天后廟建於 1875 年，位於眾坊街、上海街及廟街交界。天后廟廟宇一連五座，由南至北分別爲書院、音樓社壇、天后廟觀、城隍廟及觀音樓。無論廟內或建築物頂部仍然保留大量文物，亦爲香港最著名的天后廟之一。

廟街天后古廟從古到今一向香火鼎盛，故廟產極之豐富。第一次世界大戰，香港經濟不景，連帶東華三院經費亦受到影響。經香港政府立法，把廟產送與東華三院作經費，因此這間天后廟屬於全港唯一造福港人的慈善天后廟，該廟現在由東華三院管理。

香港朝天宮

位於大廈中的香港朝天宮，相傳始建於清光緒年間，當

香港朝天宮正殿神龕供奉的湄洲媽是公元 2000 年由廟方董事前往祖廟謁祖進香請回的湄洲媽祖。

此尊湄洲媽祖像是軟身媽祖，手腳身體都可以自由轉動。媽祖頭戴鳳冠，身穿龍袍，肩披霞披，腳穿麟靴，雙手盤靠，十指互拱，雙眼垂瞰下望。

時有一位林姓移民自湄洲祖廟奉請天上聖母神像到香港，途經長沙灣定居謀生，當時鄉民篤信天上聖母，紛紛前來參拜，聖蹟靈驗。地方縉紳見香火鼎盛，擇地興建小祠「天后宮」，即爲香港朝天宮的前身。

後小祠因日久失修倒塌，神像遭到送去叢林中的命運。鄉民不忍，發起重建天后宮，但找不出原址，不得已與地方弟子聯合發起奉回神像輪流在家敬奉。每年上元在神前卜杯選舉下年爐主。而每年當選之爐主都諸事如意，闔家平安。

直到 1970 年代，都市急速發展，原來卜杯選舉爐主制度面臨崩潰。當時地方縉紳神前卜杯，得媽祖指示該重建天后宮，民眾咸皆感念天后神恩祐民，發起捐款獻地重建。但至公元 2000 年，香港政府爲發展都市計劃，收回天后宮廟址，天后宮自此便存在於大廈之中。並改稱「朝天宮」，以紀念分靈自湄洲祖廟朝天閣。

銅鑼灣天后廟

現今的銅鑼灣天后廟約於十八世紀由廣東客家戴氏家族所建。廟內有一口鐘，鑄於 1744 年，戴氏原在前九龍啓德機場附近一條已湮沒的村落定居。戴氏家族常到銅鑼灣岸邊割草，相傳其中一些成員在岸邊石叢中拾得一尊天后塑像，並爲其立祀供奉。由於來上香的漁民日漸眾多，戴氏遂籌募經費興建一座正式的天后廟。

銅鑼灣天后廟爲一座三開間的三進殿宇，中間天井已改建成拜殿，外貌雖經多次修繕擴建，但至今仍保持著同治七年（公元 1868 年）時的基本面貌。正殿主祀天后娘娘，左偏殿供奉正財神，右偏殿供奉包公，右側有供奉觀音的觀音殿。相傳銅鑼灣天后廟享有「鯉魚吐珠」穴風水，故香火一直很旺，至今仍由戴氏後人管理。

由於銅鑼灣天后廟在港島頗具影響，附近的地鐵站稱爲「天后站」，廟旁的街道稱爲「天后廟道」，另廟前

的公園稱爲「天后公園」。

銅鑼灣天后廟每逢天后聖誕前夕皆舉辦「太平清醮」，祈求風調雨順，闔境平安。爲香港少數舉辦「太平清醮」賀誕的天后廟；而香港大坑的「舞火龍」也頗具特色。最早出於離奇的傳說：一條巨蟒侵擾了大坑這個客家小村，被村民合力打死。但第二天，死去的大蟒不知去向，接著村中就發生瘟疫。村中的老人做夢時得知，大蟒是龍王之子，必須在中秋時連舞三天「火龍」，同時大放鞭炮，才可以震懾龍王。村民依此行事，瘟疫果然停止。

此後，每年的農曆八月十四至十六，大坑一連三個晚上大「舞火龍」，每次兩小時以上。第一天晚上要在銅鑼灣天后廟爲新紮製的火龍舉行掛紅、開光，然後爲龍插香，龍頭用籐條和珍珠草紮製而成，龍身是一條紮滿雜草的大麻纜，長約61公尺，整條龍都用點燃的線香插得滿滿的，然後由一對同樣插滿了線香的龍珠引路，左三步、右三步地舞動起來。舞動中，龍頭一起一浮，因爲重量不輕，要不停換人。舞龍尾也屬高難度，不僅要連蹦帶跳地追趕，還要承受龍身甩動的大慣性，一不小心，就會跌倒在地。火龍還會在寬闊地段表演「穿龍門」、「採燈」等各種花式，往復穿梭，收攏散開，插滿線香的龍身上下交叉，更是令人稱絕。

銅鑼灣天后廟於2004年因神殿樑柱腐朽，恐防倒塌，目前由政府撥款進行緊急維修。

深圳天后廟

在廣東蛇口以西的赤灣（今深圳），十幾年前曾經發現南宋趙昺皇帝陵墓附近也有一座天妃廟。

根據史載，南宋京都臨安於1275年被

元軍佔領以後，南宋最後據點崖山（今廣東新會縣南海中）又於 1279 年被元軍攻下。在這種情況下，南宋大臣陸秀夫見大勢已去，但又不甘心當俘虜，因而背起八歲的小皇帝趙昺投海自盡。傳說元軍在搜捕趙昺屍體時，終不可得，因為他的屍身早已隨著南海漂流到赤灣，沖上沙灘，且有鳥群飛掩屍上。就在這個時候，媽祖廟的大樑突然震聲墜地，人們就以這根大樑做成棺材，葬趙昺於赤灣南山。

筲箕灣天后古廟

　　筲箕灣天后古廟原為一座小廟，始建於清道光廿五年（公元 1845 年）。清同治十一年（公元 1872）重修。

　　重修不到兩年，清同治十三年（公元 1874 年），香港突然遭遇一次歷史上最大的風災「同治甲戌風災」，當時颶風橫掃港海死人無數，筲箕灣天后廟也被摧毀，全間塌了下來。但是後來人們點算損失，發現筲箕灣損失最少，民眾皆感念天后神恩祐民，發起捐款，於光緒二年（公元 1876 年）重建，而神像是由佛山名家所塑，故特別莊嚴美麗，被公認為香港最美麗的天后娘娘。

元朗十八鄉大樹下天后古廟

　　元朗古稱「圓塱」。元朗十八鄉大樹下天后古廟位於十八鄉大旗嶺，據廟內的碑文所載，已有三百多年歷史。它最特別的地方是：它並不是位於海邊，而是位於溝渠旁邊！一般寺廟都位於山明水秀的地方，為什麼大樹下天后古廟竟位於離海邊這麼遠的內陸溝渠旁呢？

　　三百多年前，元朗是一個大墟市，漁民把他們的漁船駛往元朗交易，泊在現今大樹下天后廟所處的名為塘頭埔的地方，因漁民多信奉天上聖母，在清順治十一年（公元 1655 年）十八鄉村民與漁民聯合興建小祠廟。

　　當時廟前是一片沙灘，但是三百多年來，新界西部的陸地不斷上升，新界東部的陸地則不斷下降。今天元朗的海岸線，已由十八鄉大樹下天后古廟的附近退到流浮山、尖鼻嘴一帶。滄海桑田，大自然的變化，是多麼的神奇！

　　元朗十八鄉大樹下天后古廟廟居大榕樹下，因此得名。由於十八鄉村民努力墾植，人丁日眾，漸有大鄉之規模，於是便合力擴建天后廟。至道光年間，將廟分為五開間，正殿為天后古廟，供奉主神天上聖母；左殿為英勇祠（供奉在英軍

於西元 1899 年接管新界時抵抗而殉難的鄉民之神位）；右側本爲花廳，至太平天國平定後，清廷行洋務運動，人們特別重視科舉，於是把花廳改爲永安學社，崇祀文武二帝，希望子弟能考取功名。至清咸豐六年（公元 1856 年）把廟擴建而爲七開間，十八鄉天后古廟乃用作興學之所。今日十八鄉之永安學校，前身就是在天后廟內所辦之學塾。

　　元朗十八鄉大樹下天后古廟每年農曆三月二十三日天后寶誕皆舉辦廟會，元朗十八鄉各圍村的鄉民均會舞龍舞獅前來賀誕，祈求風調雨順，闔境平安。最特別就是「搶花炮」活動，「花炮」由竹竿製作，上下飾有各種各樣的紅布、花燈、古船模型和金飾，中設有天后神像，實際是一大型神龕。媽祖聖誕當日由各圍村遶境後到元朗十八鄉大樹下天后古廟進香，於當日下午，由鄉中父老燃放炮仗，各圍村的鄉民均會「搶炮」，但往往發生流血衝突，現有政府規定「搶炮」改革爲抽籤，達到神人共樂。而「花炮」則由中籤之圍村供奉一年，明年再行製作「花炮」酬答神恩，俗稱「還炮」。

　　而元朗十八鄉「搶花炮」活動已經成爲香港一個很有特色的宗教活動。每年天后寶誕在元朗遶境，進香人數無法估計，花炮會每位善男信女手執一支香旗，途中舞龍舞獅，隨「花炮」一起到元朗十八鄉大樹下天后古廟進香，近年更成爲香港重點旅遊推介。

香港夜色

　　香港地區有媽祖廟六十餘座，平均十七平方公里就有一座。

「大甲媽祖遶境」是舉世出名的世界三大宗教活動之一，因此臺中縣政府
自1999年開始舉辦「大甲媽祖文化節」，希望能將文化的深度與廣度引介到這
個龐大的宗教活動之中。持續至今已是第六年，為國際性的觀光文化節，除了
原有傳統大甲媽祖進香遶境的頭香、貳香、參香、贊香等陣頭及團體外，並安
排國內外武術表演，及邀請國內外演藝團隊參與演出，且結合觀光資源辦理套
裝旅遊行程。

媽祖的故事

台灣發揚

　　在四百多年前，有一批渡海來台的台灣人祖先，當他們面對險峻的黑水，帶著開天闢地的勇氣出發的當時，伴隨他們的除了生存的堅毅韌性之外，更有一股強大的信仰力量扶持著他們乘風破浪——是媽祖！

　　先民們揹著的那尊媽祖神像，引領著他們渡過最壞的天氣、最危險的風浪，來到這座美麗的寶島，尋找他們的新土地。就像開台聖王鄭成功堅守這片土地一樣，所有漢民族的移民，自始至終都未曾想過離開這座小島，即便是在日據時代，台灣人失去自己的國家和土地。

　　在這動盪不安的四百年間，只有媽祖是台灣人最大的依靠，永遠地守護著他們。因此，在台灣，大大小小、奉祀媽祖的廟宇已近千座；對台灣人而言，媽祖不是迷信而是一種根深柢固的信仰，人們也早已習慣生活在她的四週。從海上到陸地，從白天到夜晚，大家守護

著媽祖，也守護著台灣人純樸、仁慈、博愛的胸懷，一代又一代，香火綿續下去，中華民族最寶貴的文化也跟著薪傳下去。

台灣媽祖婆——媽祖神像的來源與類別

　　1.分身、分香與漂流：

　　先民冒險渡海來台，為了祈求平安，常以分靈方式求得廟中媽祖神像「分身」，捧上船頭，飄洋過海，至台灣落籍後，則建廟供奉。如果無法求得媽祖神像分身，則以媽祖的香火袋代替，到台灣定居後，再另雕神像連同原香火袋供奉，稱之為「分香」。有時海船遇難，船頭媽祖神像落水，隨波逐流，被信徒撿起供奉，稱為「漂流」。

　　2.依媽祖神像在福建的分靈來源地，主要分為：

　　（一）湄洲媽：自原興化府莆田縣湄洲嶼一帶分靈而來。

　　（二）溫陵媽：由泉州府一帶分靈而來。

　　（三）銀同媽：由同安縣一帶分靈而來。其他尚有來自不同地方，如「太平媽」、「班鳩媽」等。

　　但來臺多年的媽祖早已成為地方的保護神，更有在地化的稱謂，如馬公媽、安平媽、鹿耳門媽、北港媽、大甲媽、鹿港媽、新港媽、南屯媽、關渡媽、松山媽、內媽祖、外媽祖等稱謂，表示媽祖信仰的在地化。

　　3.依神像臉部顏色，可分為：

　　紅面媽祖、粉面媽祖、烏面媽祖、金面媽祖。

　　一般的說法，肉色（紅面、粉面）是平時的表情；黑色（烏面）是媽祖救苦救難時的模樣；金面媽祖則代表她證道昇天時的容顏。

　　4.依分身進殿先後順序：

　　鎮殿媽、二媽、副二媽、三媽、副三媽、四媽、五媽、六媽……等，目前最多只到六媽。

澎湖天后宮

　　澎湖天后宮是全臺最早創建的媽祖廟，有著重要的歷史地位，更是台灣寺廟建築的代表，出自唐山名匠之手，格局嚴謹，雕塑豐富，為當代藝術的結晶。經過歷史洪流的洗禮，百年來屹立於台灣海峽的勁風中，洗鍊出一股恢宏的氣度與古樸之美，現列為國家一級古蹟。

歷史沿革

　　澎湖天后宮位在馬公市。相傳至元十七年（公元1280年）元世祖派兵征伐日本，途中遭遇颱風，官兵漂散，而夢見媽祖救眾，登陸平湖嶼（即澎湖嶼）。驚濤餘生，眾人均認為是媽祖的神佑，所以至元十八年（公元1281年）世祖封媽祖為「天妃」，立天妃宮，設澎湖寨巡檢司。

　　天妃宮俗稱媽祖宮，明代稱為「娘宮」、「媽祖宮」、「娘媽宮」等，廟名也是地名。嘉靖四十二年（公元1563年），俞大猷剿倭勝利，擴建媽祖宮。

　　萬曆二十年（公元1592年），日本「鎖國令」弛解，倭寇頻頻侵襲沿海及澎湖。朝廷派兵圍剿佔澎的倭寇，大勝，官兵都說是媽祖庇佑，所以官兵移民便再重建娘媽宮。或有一說，認為媽祖宮是這時才開始新建的。

澎湖天后宮
楊永智提供

　　天后宮之規模在清代已完成了三殿式格局，現在的天后宮是民國十一年（公元1922年）由司傅藍木修建完成的。前殿三川門，中殿為正殿，殿前加拜亭，後殿為二層樓閣，稱為清風閣。

歷史的面貌
楊永智提供

澎湖天后宮的方位採坐北朝南，建築由前殿、正殿及清風閣三進帶左右護龍的縱深配置組成。由於基地呈陡坡下降，建築物自前埕向後級級昇高，自側面觀之，山牆高低起伏，是天后宮建築的最大特色。圖為日治時期的天后宮。

天啓四年（公元1624年），俞咨皋驅逐荷蘭人，收復了澎湖，又改建媽祖宮而成爲現今之貌，當時地名爲「娘宮」。

清康熙二十二年（公元1682年），福建水師提督施琅率領軍隊進攻澎湖，打敗明軍。當時施琅認爲能進攻取勝，全靠媽祖顯靈相助，於是奏請康熙皇帝加封。清廷准奏，並且特派禮部郎中雅虎專程來澎湖致祭，表示敬意。第二年，康熙皇帝就正式加封媽祖爲天后。從此，媽祖宮又稱爲「天后宮」，地名「媽宮」。民國九年日據政府改地名媽宮澳爲「馬公街」，從此「媽宮」成了「馬公」。

天釘拴島的傳說

據說，遠古時候，台灣與大陸原是連在一起的一個半島。那時，在大陸和半島的交接處，有一個村莊叫白露洲。村裡的人們一直靠著捕魚爲生，過著幸福的生活。

有一年，突然從海外游來一條鯊魚精。這鯊魚精兩隻眼睛像燈籠，一個嘴巴大如山洞，非常駭人。當牠游經白露洲時，被半島擋住，牠一氣之下就用尾巴把半島給劈了開來，

澎湖天后宮外觀
葉仁傑攝影

經過歷史洪流的洗禮，百年來屹立於台灣海峽的勁風中，澎湖天后宮洗鍊出一股恢弘的氣度與古樸之美，現列為國家一級古蹟。圖為今貌。

澎湖天后宮列為國家一級古蹟的歷史意涵，不僅因為其年代久遠，更重要的是這座廟宇曾經見證台灣在十七世紀大航海時代與荷蘭初會事件。它影響往後台灣幾百年的社會變遷與經濟發展，而由荷蘭人保留下的珍貴史料，則是台灣歷史進入信史的年代。

公元1604年（明萬曆三十二年）八月，荷蘭東印度公司司令韋麻郎的船隻遇大風，趁澎湖島上無人防守登陸，前後三艘船數百名荷蘭人分別抵達，在馬公島盤桓了一百三十一天。

後來韋麻郎派人去福建求市，當時福建當局派都司沈有容在荷蘭人眼中的「東方教堂」（即天后宮）會晤韋麻郎，要求韋麻郎撤退，因此韋麻郎的船隻於12月15日駛離澎湖，轉據台灣，於是留有「沈有容諭退紅毛蕃韋麻郎等」碑石，碑石於1919年被發現埋在天后宮祭壇下，現崁於天后宮後殿的柱壁間。

那半島便漂向大海，白露洲則留在大陸。鄉親們眼見半島越漂越遠，心急如焚，不知如何是好。而鯊魚精卻趁隙從海峽間游過。

這時，人群中站出一男一女，兩個勇敢的年輕人帶著魚叉、駕著小舟向鯊魚精趕去。

那男孩姓彭，因他出生時下巴長滿了鬍鬚，所以，他父親就給他取名叫彭胡。彭胡身強力壯，長年在海上捕魚，因此他使用漁叉，一向百發百中，凡是被他撞上的魚，絕對不可能逃脫的。

而女孩姓白，在她剛出生時，兩道眉毛之間長了一顆像海邊白沙一樣的肉瘤，所以人們就叫她白砂姑娘。

彭胡與白砂，從小就形影不離，天天在一起捕魚、探紫菜。他們看到鯊魚精如此作惡，一心想懲治牠。彭胡第一叉出手就刺中鯊精的左眼，第二叉刺中牠的右眼；這時，白砂又馬上再補上一叉，正中了鯊魚精的喉嚨。

只見鯊魚精連翻幾個身，流出的血染紅了海水，不久就死了。但那漂走的半島，還

媽
祖
的
故
事

在繼續移動著。這該怎麼辦呢？

這時，媽祖化身為一個頭上梳帆髻的少女，駕
舟來到他們跟前，對他們說：

「要拴住這個小島，只有到莆田湄洲去拾一種
『塔螺』，吃了塔螺肉，人就會變成『天釘』；有了
這種天釘，就能把那漂移的半島拴牢了。」

彭胡、白砂聽了，回村號召了一些年輕人，馬
上駕船向湄洲駛去。到了湄洲，他們按照少女的指
點，拾了很多形狀似寶塔的塔螺。

帶回煮熟後，彭胡最先帶頭吃下，接著白砂、
馬公、吉貝、望安、大嶼、八罩等，好多年輕人都
一起吞食下去。吃完後又依少女的指示，紛紛跳入
大海，化成六十四顆天釘，把漂移的小島牢牢釘
住。

從此，那漂移的小島不動了。這個島就是現在的台灣
島。而在台灣島與大陸之間的六十四個小島，也就是當年
白露洲那六十四位青年化成的六十四顆天釘。

為了紀念這些英勇獻身的青年人，人們把其中最大的
島取名彭胡，又因為島在海上，所以加了三點水叫澎湖
島；而緊挨著彭
胡的，則是他那
形影不離的白砂
姑娘。再往下，
便是馬公、吉
貝、望安等島。
島上的百姓為了
感謝媽祖指點的
恩德，還在澎湖
群島上修了一座
富麗堂皇的媽祖
廟。

安平開台天后宮

明永曆十六年（公元 1662 年），鄭成功打敗荷蘭人，順利收復台灣後，隨即將三尊護軍的鎮艦媽祖暫時安奉在熱蘭遮城的教堂裡。六年後（公元 1668 年），台灣在鄭成功的積極建設下，人民生活漸趨穩定，遂拆除教堂，在原址興建了一座「天妃宮」，這就是安平「開台天后宮」的前身。

媽祖與開台聖王信仰的中心

位於安平古堡旁的安平開台天后宮，是台灣媽祖與開台聖王鄭成功的主要信仰中心，在開台歷史文化上占有不可抹滅的地位。

清康熙二十二年（公元 1683 年），施琅攻下台灣，明鄭宗室被視為「偽鄭」，鄭氏所建的天妃宮亦被視為「偽廟」，清廷於是將天妃宮貶為「安平鄭氏廟」，並以明寧靖王府改建的「台南大天后宮」取代開台天妃宮的政治地位。

至清同治十三年（公元 1874 年），日本藉由「牡丹社事件」侵台，為了凝聚民心抗日，欽差大臣沈葆禎特地為鄭成功平反，恢復鄭氏遺族的地位，「安平鄭氏廟」才因此改稱為「開台天后宮」，供奉之媽祖神像為鄭成功攻台前，從湄洲

日治時期的延平郡王祠
楊永智提供

鄭成功收復台灣後，積極建設台灣，對台灣的開發建設貢獻極大，所以百姓崇仰他，在他逝世後（公元 1662 年）特別興建延平郡王祠來紀念這位民族英雄。

入清之後，廟漸傾圮，至乾隆年間重建，馨香再盛。到清同治年間，欽差大臣沈葆楨來台籌辦防務，深入瞭解民意，經台灣府進士楊士蒙等稟請：強調鄭成功是「明室遺臣」，而不是「亂臣賊子」，沈葆楨於是上奏朝廷為鄭氏平反。

朝廷准奏後，官民籌募經費，從福州載來工匠、材料，將開山王廟建成一棟台灣少見的福州式建築，於光緒元年竣工。名稱也正名為「明延平郡王祠」，延平郡王祠在日治時期被易名為開山神社，是全台僅有的福州式廟宇建築。

安平天后宮目前的建築是公元1975年始告竣工，但一點也不能遮掩這座分祀的重要地位。

該廟即原台灣歷史最悠久聖廟之一的鳳山縣轄安平鎮渡口天妃宮。相傳供奉之神像係鄭成功驅荷時由湄洲奉迎隨艦護軍來台。建廟於清康熙七年（1668年）；光緒二十一年（1895年）中日甲午戰役，清廷戰敗，割棄台澎。日軍進佔時，清軍兵勇五十餘人在舊宮內慘遭屠殺。信徒以血光污穢聖地，乃遷祀像寄奉他廟。直至新址建成才予遷回。

同樣位於安平地區的還有佔地2公頃的「林默娘公園」，是港濱新的一處賞景空間，主角媽祖雕像高16公尺，石材為花崗岩，基座高4公尺，由奇美文化基金會捐贈，作為觀光漁港的新地標。

所恭請的鎮殿媽。

翌年，爲了慶祝「開台天后宮」恢復顯赫的宗教地位，安平一帶的地方父老便在媽祖誕辰這一天，舉辦了大規模的迎神賽會。以後，每年都會擴大舉行，漸衍爲盛大空前的「安平迓媽祖」遶境活動。

走過歷史戰亂，媽祖重享人間煙火

清光緒二十一年（公元1895年），清廷和日本爆發了甲午戰爭，清廷戰敗，將台灣割讓給日本。

就在日軍進入安平之際，劉永福的黑旗兵正駐屯在開台天后宮內，雙方激戰，最後清軍全軍覆沒，所有人慘遭日軍殺戮，屍首草草埋於廟後空地；之後，開台天后宮屢屢傳出冤魂作祟事情，神聖殿堂因遭血腥之污，終致香火冷淡。

日治時期，日人將該廟改設爲安平公校（今石門國小），原開台天后宮便爲教室之用，只好將媽祖與諸神神像分別寄於安平各廟，直到民國五十五年現址新廟完成，才奉請三尊媽祖入廟安坐，重享人間煙火。

飛天聖筊的傳說

據說當年護佑鄭成功收復台灣的三尊鎮艦媽來自湄洲祖廟，後來施琅平定台灣，湄洲祖廟的執事人員便來到安平開台天后宮要求迎回三尊媽祖。然而，安平天后宮這方堅持不同意。就在雙方僵持多天後，大家議定讓媽祖自己決定去留。

於是，天后宮提出極為嚴苛的條件，言明以磁碗為擲筊，且必須連續擲出一百個聖筊，才能迎回媽祖。

湄洲祖廟這廂迫於形勢，只好焚香祝禱媽祖顯靈，結果擲出一百個聖筊；就在他們高興地要將三尊媽祖迎回湄洲時，天后宮這方卻反悔了，他們改口說明一次只能迎回一尊媽祖，所以只有「大媽」的神像被迎下桌。

為了達成任務，湄洲代表只好繼續擲筊，結果仍舊擲出第二個百次聖筊，於是「二媽」也順利被請下桌。

接著又開始擲筊迎請「三媽」。只見聖筊一次一次地出現，九十七、九十八、九十九……眼見第三個百次聖筊就要出現，天后宮代表趕緊跪求媽祖不要捨他們而去。就在此時，最後一次筊杯落地，只見其中一只筊杯騰空彈起，竟硬生生地鑲嵌在大殿的正樑上。眾人面面相覷，不敢相信如此奇蹟。

後來雙方平心靜氣地再擲筊請示媽祖，所得到的答案，卻是三媽雖然也想回湄洲，但是有感於安平信眾的虔誠信仰，所以她願意留下來繼續庇佑安平地方的民眾。

「三媽」就這樣留了下來，成為安平天后宮的鎮殿媽，而「大媽」、「二媽」則回到湄洲祖廟，留下這麼一個圓滿歡喜的傳奇故事。

鄭成功油畫像
小早川篤四繪
楊永智先生提供

在台南的鄭成功開山王廟裡，有一副對聯：「由秀才封王，主持半壁舊河山，為天下讀書人頓生顏色；驅外夷出境，開闢千秋新事業，願中國有志者再鼓雄風！」

招討大將軍印
台南鹿耳門天后宮
鄭成功文物室 藏

延平郡王資賦聰穎，喜讀春秋與孫子兵法，於制藝（讀書）外，時常勤練舞劍騎射，智勇雙全。二十二歲隆武帝即位福州，隨父入朝，帝奇其相貌，與語大悅，特加賞識，賜國姓朱，名成功，自此中外均尊以國姓。二十三歲封忠孝伯，賜尚方寶劍，便宜行事，掛招討大將軍印，詔鎮仙霞嶺，抗禦清兵。

盔甲用藤編成，袍用厚帆布，塗以桐油，上縫以麻竹方塊，使刀槍難入；戰袍很輕，穿起來動作可很靈活，其款式與早期西人所繪鄭荷交戰圖中之鄭軍將軍所穿者雷同。

這幾把古刀，彎度特大，有異傳統款式，且頗似倭刀，很適合在船上揮用。蓋成功、芝龍父子與日本關係密切，故其武器裝備甚至在日本訂制。古刀中有一把為雙合劍，即一鞘容二劍。

媽祖的故事

媽祖淚痕的傳說

關於「安平媽」有許多動人的傳說。傳說安平媽曾經兩次落淚，一次是發生於台灣割讓給日本時，一次是在「盧溝橋事變」之後。

尤其是在第二次——1937年，日軍全面侵華，抗日戰爭爆發。次年九月，日軍在台南一帶強徵了五百名安平子弟，遣往中國大陸充當炮灰。對於百姓妻離子散的悲慘境遇，「安平媽」柔腸寸斷，不忍目睹，因而潸然淚下。嗣後，人們在整修媽祖廟時，雖然一再設法把媽祖面容上的兩行熱淚拭除，但卻怎麼都無法擦掉那兩道淚痕。

當時人們以為，那是媽祖預知災難即將降臨，自己卻無力回天，因此難過得流下淚來。

即便如此，媽祖仍護衛台灣子弟遠赴戰場。據說，在戰地的安平子弟，經常在晚上看見媽祖的紅燈飛掠過軍營，鼓舞著他們求生的意志；在白天槍林彈雨的戰場上，他們也不時看見一名穿著黑衣的婦人，毫無畏懼地幫著他們抵擋子彈。

所有安平人士都堅信這是媽祖顯靈，保護安平的子弟兵。

媽祖助鄭成功收復台灣

鄭成功也是媽祖的同鄉，姓鄭名森，字明儼，號大木，

福建南安縣石井村人，明朝將領鄭芝龍之子。公元 1645 年（順治二年）同其父一起擁唐王朱聿鍵在福州建立南明（朝）隆武政權，被隆武帝賜朱姓，號「國姓爺」。

自公元 1644 年（順治一年）清世祖愛新覺羅福臨登基，宣告明朝滅亡，清朝建立之日起，鄭成功先後擁保明朝皇室成員朱聿鍵（隆武帝）、朱聿粵（紹武帝）、朱由榔（永曆帝）為南明君主長達十七年，足見其「反清復明」決心之大。在此期間，鄭成功曾被永曆皇帝封為延平郡王。

隆武二年（公元 1646 年）清兵入閩，鄭芝龍不聽兒子的勸告，向清兵不戰而降。鄭成功因反對其父降清，曾在與福建相鄰的南澳廳（今廣東南澳縣）起兵從事抗清活動。後來又以金門、廈門為根據地，連年出擊廣東、江蘇、浙江等地。永曆十三年，也就是清順治十六年（公元 1659 年），鄭成功大舉北伐，以張煌言為監軍，率十七萬軍進入長江圍攻南京。大江南北為之震動，當地人民聞風歸附，紛紛響應。可惜，鄭成功因誤信清總督郎廷的詐降之計，兵敗退回廈門。

敗回廈門後，形勢十分嚴峻。鄭成功遂冷靜地分析局勢，深知進取不易，為解除後顧之憂並為從事更大規模的反清做準備，他決定驅逐荷蘭人、收復台灣。

從公元 1604 年起，荷蘭殖民者屢次侵占台、澎、騷擾福建沿海。1624年，荷蘭殖民者在台灣西南淺洲建立台灣城（熱蘭遮城，今安平），第二

天后聖母

12 X 30 CM　瓷器　近代
李國隆蒐藏　劉信宏攝影

為了對付海上變幻莫測的天氣，戰勝驚濤駭浪的襲擊，先民隨身帶著小型媽祖神像。媽祖，永遠是人們最大的精神支柱。

畫面中這件瓷製的作品，造型十分可愛迷人，係由大陸地區瓷廠大量生產的，如今已經不再市面上出售，將之視為蒐藏品亦不為過。

年又侵占新港社、蚊港，用謊言和十五匹粗布騙取了大片土地，修建赤崁樓（普羅民遮城，今台南），以後又從西班牙手裡奪取台灣北部的雞籠（基隆）、淡水，成為獨霸台灣的殖民者。

收復台灣，是當時台灣人民的願望，也是鄭成功的夙願。經過將近一年的謀劃和軍事部置，鄭成功擬定自鹿耳門水道攻進台灣。但是，兩岸間的黑水溝風浪詭譎，鹿耳門水道又迂迴險阻，這樣的計劃讓所有的將兵忐忑不安。

為了安撫軍心，鄭成功不僅在出發前多次祈求媽祖庇護進軍順利，還親自率領官員前往湄洲恭迎三尊媽祖神像鎮舟，做為攻台的保護神。

公元 1661 年四月，鄭成功親自率領將士十二萬五千人，大小戰船數百艘自廈門出發，經澎湖，準備自台灣鹿耳門登陸。不料，大軍行至港口，卻因水位過淺無法繼續。於是鄭成功即刻在船艦上設案焚香，求媽祖借潮水，以便戰船順利通過。果然不一會兒，鹿耳門水漲，水師順利登岸。

鄭成功大軍圍攻荷蘭總督所在地赤崁樓，擊潰敵人的援兵。經過八個月的浴血奮戰，終於使荷蘭人宣告投降，退出台灣。

鄭荷海戰
上圖／楊永智提供
下圖／台南鹿耳門天后宮提供

　　1661 年四月三十日鄭成功率領舟船行抵鹿耳門外，因水淺無入港，國姓爺遂命設香案，祝告天地，祈求隨艦保護的媽祖神靈庇佑：「…望皇天垂憐，列祖默佑，助我潮水…」（楊英《從征實錄》），果然，不久潮水海湧而出，水漲船高，大軍順利進入鹿耳門，繼而展開圍城之戰，迫使荷蘭人棄城投降。荷蘭人再在據台三十八年之後鎩羽而歸，台灣正式進入明鄭時期。
　　上圖為石印小說《清史演義》海戰插圖，下圖為摸擬海戰實況。

台南大天后宮

　　台南大天后始建於清康熙年間，歷經了數次整建，在1985年以其歷史與文化地位被列為台閩地區第一級古蹟。

　　大天后宮在台灣近千座媽祖廟中，具有宛如貴族般的尊貴地位，不僅是台灣第一座官建媽祖廟，也是全世界第一座以「天后宮」為廟名的媽祖廟。

原明寧靖王府

　　明永曆七年（公元1653年）荷蘭人於今台南築普羅民遮城（即赤崁樓），清順治十八年（公元1661年），鄭成功驅逐荷蘭人，改稱「東都」，設承天府。翌年（公元1662年），鄭成功病逝。永曆十八年（公元1664年），鄭成功之子鄭經迎

大天后宮現貌
葉仁傑攝影

　　台南大天后宮又稱大媽祖廟。清康熙二十四年（1685年）敕建宮廟，以明永曆十八年（1664年）朱術桂寧靖王府改建而成。建築巍峨壯觀，高大雄偉，一派帝王殿堂氣象。長廊壁間有石碑高達丈餘，寬有四尺，為將軍施琅奏請康熙皇帝改建該廟時所立。其奉祀神像之宏偉異常，聖容肅穆令人景仰，是台灣極富歷史藝術價值之主要分廟。

日治時代台南大天后宮

上圖、右頁下／楊永智提供

日治時期由於「三郊」逐漸沒落，原屬三郊管理的的大天后宮不僅年久失修，頹敗不堪，甚至面臨被拍賣的命運。就在千鈞一髮之際，台灣總督府文教局的宗教調查官剛好來台南視察古蹟，與拍賣競標人於大天后宮不期而遇，在瞭解大天后宮的歷史背景後，向上級呈報，下令停售，才解除了這場可怕的文化危機。

龍壁
楊永智提供

台南大天后宮正殿前的龍壁特寫。

台灣與中國大陸只有一水之隔，來往舟船頻繁。兩地貨物交流完全靠水上交通，舟船行駛動力則憑風力。為使行舟安全，中國大陸南部盛產的石材成為鎮舟工具。船上擺幾塊大石頭，不但壓住布帆而且可以穩定海浪濤濤中的孤舟，因此行船中使用的石材成為台灣早期石雕的主要來源。

作為石雕石材最好的是青島石，此石色澤帶綠，年代越久遠則暗綠有光澤。其次是隴石，隴石色澤帶黃，兩者都是質地堅硬，雕刻的稜角清晰鋒利，歷久不衰。但台灣廟宇使用較多的是觀音石，此石鬆軟雕刻容易，可是線條模糊，細部較不易表現，幾年後容易風化不成形。

媽祖的故事

接明太祖的九世孫寧靖王朱術桂來台定居，成為明代王室在台香火的象徵。鄭經為了表示禮遇，為寧靖王在當時的台江內海岸的高灘地建造了一座宏偉的王府。

清康熙二十二年（公元1683年），清將施琅率軍攻台，明鄭投降，寧靖王聞訊，決意自縊殉國，連同五位姬妾率先懸樑殉主。

施琅班師回朝，鑒於台灣人民深仰媽祖之靈異，為收攬民心，便奏請康熙皇帝將寧靖王府改建為天妃宮，並以媽祖顯祐濟師奏請清廷誥封媽祖。不久，康熙准奏，加封媽祖為「天后」，稱廟為「大天后宮」，使該廟成為台灣的媽祖廟最早稱「天后」者。康熙五十九年並列入官方春秋祭典，奠定了大天后宮卓爾不凡的尊貴地位。這段時期，各地廟宇也紛紛來分香，而慕名前來祈福、獻匾、勒石者亦相當多，大天后宮香火達到鼎盛。

台閩地區第一級古蹟

康熙六十年（公元1721年），朱一貴起兵，稱「中興

王」，俗稱「鴨母王」，在大天后宮登基踐祚，旋爲清軍所敗。雍正元年（公元1723年），福建水師提督藍廷珍親赴大天后宮呈獻「神潮徵異」，以謝神恩。雍正四年（公元1726年），以媽祖湧潮濟師事上奏，御書「神昭海表」匾，由台灣總兵林亮及文武官員，恭迎懸掛。

到了嘉慶二十三年春，大天后宮發生大火，正殿幾夷爲平地，偏殿損毀也相當嚴重。至道光年中，歷經三階段大修，是大天后宮有史以來，規模最大、施工最精的修繕，其主要棟架及雕刻都保存至今。

以後，大天后宮雖歷經戰亂、地震的摧殘，但仍以其特殊的歷史及文化地位列入國家第一級古蹟。

天后宮鎮殿媽祖
楊永智提供

台南大天后宮鎮殿媽祖，高達一丈二尺，因長年煙燻，人稱「黑面媽祖」。這座神像究竟何時製作，爲何人所做，已不可考，但是她圓潤飽滿，垂眉閉目的神態，在眾廟中脫穎而出，公認是全台灣最美的媽祖神像。

鎮殿媽祖神像莊嚴慈藹，最特別之處是眼珠子鑲嵌玻璃，眼神流轉，信徒仰望，就如同蒙娜麗莎的微笑一般，會隨人流動。據說有一回神像斷裂，頭部卻完整無損，當信徒扶起她的頭像時，還有人信誓旦旦表示，媽祖的眼裡滴出哀傷的淚水。

台南開基天后宮

開基天后宮又稱「小媽祖廟」或「水仔尾媽祖廟」，廟貌建築輕巧文物甚多，現爲台閩地區二級古蹟。開基天后宮建於何時，由於文獻上無明確的記載，因而引發學者間不同的意見，或認爲建於明鄭時期，或主張清廷領台之後。

而當地居民都相信此廟的創建年代是明永曆十六年（公元 1662 年），可說是當時府城內建置最早的媽祖廟，故冠以「開基」二字。

在歷經清康熙、乾隆、嘉慶年間的修復工程後，至昭和元年（公元 1926 年），又進行了一次大規模的修繕工程。但在太平洋戰爭期間，遭到盟軍飛機炸射，受到嚴重破壞。修復後，經民國六十年（公元 1971 年）再修，香火卻不再興盛。

媽祖的故事

台南鹿耳門天后宮

公元1661年鄭成功登陸台灣、擊退荷蘭人，改變歷史的第一現場就在鹿耳門。當時港外水淺，鄭成功的船艦無法前進，因此向媽祖焚香祝禱，求潮水漲起。祈求應驗，鄭氏在台建立政權，也興築天后宮於鹿耳門。

堂廟之美

台南鹿耳門天后宮提供

「燕尾、馬背、鵝頭墜、瓦當、滴水」歇山式重簷廟頂，層層疊翠水平連彩、是謂「西施脊」；均由中墩起始，雙雙對流向兩旁的曲脊、垂脊（燕尾）、燕尾下印斗、再下懸魚（山花、鵝頭墜）、馬背（山牆），無不覆以琉璃瓦當、貼以剪黏、飾以交趾陶、綴以木雕等藝術作品。

第三篇　媽祖行宮

歷史跫音

隨著歲月迢遞，滄海變幻，在鄭成功驅荷復台二十三年後，安平大港因泥沙淤積而無法通航，鹿耳門順勢而起，不僅是軍事要地，也是舟楫輻輳的熱鬧商港，往返台海兩地的舟船絡繹不絕，商旅雲集，市況繁榮，因此天后宮自然成為過往旅人謁拜祈求的聖殿，天后宮聲威傳遍全台。

康熙五十八年（公元1719年），朝廷百官集資擴建天后宮，廟堂左右增建了文武二館，供往來旅客、官商住宿及候船之所。擴建後的廟殿共有前、中、後三進，規模可觀；廟前還有三株茂密參天的老榕樹，與媽祖神威相互輝映，當時天后宮人潮熙來攘往、香火鼎盛的情況，直至今日仍讓地方耆老引以為傲。

然而，道光三年（公元1823年）一場大洪水，使曾文溪突然改道南流，洪水挾帶大量泥沙，嚴重淤塞了台江內海，鹿耳門一夕之間成為無法通行的廢港，舟楫商旅止步，時稱

台灣八景之一的「鹿耳連帆」，舟船連天的風光歲月就此一去不返。古鹿耳門天后宮的香火從此寥落。

聖殿重建

清同治十年（公元1871年），無情的山洪再度爆發，天后宮岌岌可危。當時的廟祝林贊眼見天后宮坍塌在即，隨即會同庄民，在千鈞一髮之際，搶入廟殿救出媽祖神尊，而廟殿則在瞬間遭洪水沖毀，片瓦不存。此後，鹿耳門媽祖每年輪流供奉於爐主廳堂。

民國三十五年（公元1946年），當地庄民決議鳩資重建媽祖宮。後經三十一年不斷增修，至民國六十六年（公元1977年）始有今廟規模。

今鹿耳門天后宮建築高大雄偉、金碧輝煌。每當海濱夕照相映，更是一片燦爛，氣象萬千，不愧為媽祖聖地。

開創台灣新廟會文化

鹿耳門是鄭成功當年踏上台灣的第一步腳步，也是近代史上，東方打敗西方列強的地方。為恢復歷史的驕傲，也為追尋日漸散失的禮法，作為鹿耳門信仰中心的天后宮，動員漁村老小，結合民俗、藝術、音樂、舞蹈、建築等方面的學者專家，自民國八十二年（公元1993年）起，舉辦了連續至今的大型文化饗宴。

鹿耳門天后宮文化季內容繁多但特色突出，主要以改革庸俗化，創新精緻化與藝術化

開基媽

台南鹿耳門天后宮提供

鹿耳門天后宮供奉的鄭成功隨艦媽祖，係大陸稀產寶貴之「宣芝」木材雕刻而成，內枝外葉，八獅椅座，古色莊嚴，經專家鑑定已有千年歷史。其雕刻手法亦非一般匠人所為，是出自名家的精心傑作。

鹿耳門天后宮全景
鹿耳門天后宮提供

古地圖青花大盤
台南鹿耳門天后宮
鄭成功文物室藏

本件為日本江戶時代在中國訂製的貿易瓷，底款『天保年製』（1830－1853），即道光十年至二十八年。盤內浮雕日本國本州、四國、九州三島及附屬小島。其地名皆為明治維新前的國名（明治後廢藩改為都道府縣）。圖中左角一個小島『平戶』，屬肥前國松浦藩，係鄭成功出生地。

媽祖壓歲錢「通寶」
台南鹿耳門天后宮提供

比美康熙、乾隆的「通寶」，鹿耳門媽祖在過年期間也會發放「壓歲錢」。領到通寶者，紛紛參與「過香火、淨通寶」的祈福活動，祈求來年福慧雙收，萬招財進寶。

祈願木牌
台南鹿耳門天后宮提供

在正門龍柱上，有著善男信女祈願的木牌，一條條的紅線，祈求著平安、健康、事業順利，反映出市井小民的心願。

媽祖的故事

的各項文化活動為主，如今已開創出獨具一格的台灣新廟會文化。每年天后宮舉辦的各種傳統儀典、藝文活動、生態保育與年節民俗等方面的活動，不僅帶動地方的繁榮，也吸引人們來到這個台灣歷史的現場，見證「小漁村的文藝復興運動」確實正值風起雲湧之中。

鹿耳門夕照
鹿耳門天后宮

薄暮時分鹿耳門海口夕照，望盡滄桑三百年。

台南正統鹿耳門聖母廟

正統鹿耳門聖母廟距昔日鄭成功登陸處僅有數百公尺，整座仿紫金城宮殿式的北方建築，雄偉鉅大、雕飾華麗，聳立在鹿耳門海濱，巍然天后流傳，被譽為「遠東第一大媽祖廟」。

遠東第一大媽祖廟
台南正統鹿耳門聖母廟提供
康辛 攝影

正統鹿耳門聖母廟是仿北京紫禁城宮殿式建築，共三落七殿，巍峨堂皇，廟地廣闊，因是享有「遠東第一大媽祖廟」之譽。上圖為古聖母廟舊影。

媽祖親擇現址重建

依照日據時代昭和八年出版的《台南州祠廟名鑑》記載，正統鹿耳門聖母廟創立的年代，是在清朝嘉慶二十二年間，原廟名「保安宮」，奉祀天上聖母。

清道光以降，南台灣幾度大風雨，使曾文溪改道，台江逐漸陸化，鹿耳門港道為之淤塞。道光十一年（公元1831年），一場大風雨將廟宇沖毀。廟毀之後，地方耆老將媽祖及百餘尊神像暫時疏遷於三郊所屬的鎮港海安宮，是謂「海安宮寄佛」。

至日治時期大正二年（公元1913年），土城地區長老發起重建神廟；經過莊民的努力，新廟終於在八年後（公元1921年）落成，並從台南市海安宮、水仙宮迎回寄普的「天上聖母」，與五府王爺共祀廟內。民國四十九年（公元1960年），原「保安宮」申請更改廟名爲「正統鹿耳門聖母廟」，延用至今。

　　民國六十四年（公元1975年）土城地區急速發展，廟地狹小，毗鄰市場，無以應付絡繹不絕之香客所需。土城居民與信眾乃集資重建新廟，歷經六載日以繼夜地施工，才完成現在這座巍峨堂皇、享有「遠東第一大媽祖廟」之譽的聖廟。據說，媽祖曾親自靈示廟祝，選擇原廟北六百公尺之地爲重建現址。

湄洲五王上山的傳說

　　民國二年（1913年）夏，福建湄洲島送放一艘五王（李、池、吳、朱、范五府王爺）船，隨風漂流至澎湖海靈殿前停泊，經當地信徒迎請上岸祭拜，祈求永遠奉祀。然而，船上王爺在此時乩示，才知道五王爺是承鹿耳門聖母之邀請前往台灣助佑萬民，因此無法留駐。

　　於是信徒們虔敬建清醮，然後送歸大海。不久，土城西平湖（台江內海）附近漁民突然發現此艘木船，眾人前往查看，始知是外來王船，當時土城地區人稀貧困，無力迎起奉

鹿耳門聖母廟歷經多次維修重建，經媽祖親自壐示，新廟於1981年落成。仿紫禁城宮殿式的北方建築，加上「遠東第一大媽祖廟」的美譽，使得鹿耳門聖母廟成為台南地區的著名觀光廟宇。

祀，只好祭拜後，再推出外海，希望王船轉往他方。

翌日晨，漁民們竟然看見王船又漂回至中湖停泊；眾人經過一番商議，決定再以竹筏拖引王船至外海。沒想到第三日又見復還，如此三進三推，至第四夜又進。

此時，漁民們突然聽到管絃鼓樂之音，望見王船燈火輝煌，恍如巨艦之橫鎮中湖，艦上隱約有水兵操練之情景；眾人大驚，連忙奔至媽祖廟裡請示媽祖；原來，這艘王船是應媽祖之聘而來的五王船，於是眾人以大禮迎進奉祀。土城信眾乃演戲三天，並舉行上山祀儀，虔誠恭迎王船，這就是「五王上山」的由來。

以後五王神威顯赫，護民有術，普受萬方信徒崇拜。

巍峨的神殿分祀各方神明，與媽祖共同護衛、庇護子民。

聖母之光
台南正統鹿耳門聖母廟提供　莊宗雄 攝影

由於鹿耳門聖母廟佔地廣闊，信徒遍及海內外，各界
前來祭祀的民眾每年約有十萬人。每年元宵舉辦的「國際
煙火大賽」更是備受矚目，參賽隊伍包括香港、韓國、英
國、澳洲等國家。火樹銀花的盛況，令人嘆為觀止。

北港朝天宮

位於雲林北港鎮的北港朝天宮，至今已有三百年的歷史，是國家評定的二級古蹟，也是台灣宗教文物珍藏最豐富的一座古剎。

北港朝天宮因北港媽有禱必應、威靈顯著，分靈亦遍佈全球，香火自古迄今鼎盛，擁有全台媽祖信仰聖地的崇高地位。

歷史沿革

清康熙三十三年（公元1694年），佛教臨濟宗第三十四代禪師樹壁和尚由湄洲祖廟朝天閣奉請媽祖神像來台，在諸羅海口的笨港登岸。

當時的笨港位居海上交通進出要津，正值開發時期，當地居民聽到海神媽祖到來的消息，紛紛扶老攜幼向媽祖跪拜，並請求樹壁禪師能留下來，讓媽祖永駐笨港，護佑大家。

北港朝天宮，俗稱北港媽祖廟或天后廟，位於昔時外九莊笨港街，今日北港之市區中央，坐北朝南。

北港朝天宮之肇建，源自施琅平臺之後康熙三十三年（1694年）三月，由佛教臨濟宗第三十四代禪師樹壁和尚從福建湄洲朝天閣恭奉天后聖母神像，在當時臺灣諸羅笨港登陸，移民請留下住持，樹壁和尚遂成為第一代的開山住持。

乾隆十六年（1751年），朝天宮進行首度整修，目前第三進觀音佛祖殿前的蟠龍石柱是乾隆四十年再次重修時留下的遺物。

咸豐以前，朝天宮又歷經三次重修，其中較重要的是道光十七年（1837年），此次修建還留有福建水師提督王得祿的獻匾和泉郊新德泰號敬獻的「雙龍戲珠」御路。

咸豐五年（1855年），朝天宮的配置有了較大的改變，除整修各殿外，又增建供奉聖父母及兄姊的後殿，使全廟成為一座四進的縱深式殿宇。

明治三十八年（1905年），嘉義大地震，朝天宮正殿及拜殿被毀，北港街長倡議重建，聘大木匠陳應彬主修，工程在四年後展開，到了大正元年壬子（1912年）竣工，成為今天富麗堂皇的規模。

圖為朝天宮鎮殿媽祖。

北港朝天宮所供奉之媽祖靈驗非凡，據說福建水師提督王得祿曾得媽祖庇蔭，剿滅海寇。為答謝媽祖庇佑，他於道光十七年（1837）贈「海天靈貺」匾於朝天宮。而鄰近的莊民亦聽聞北港媽靈驗，紛紛組隊前往進香。

咸豐初年劉家謀〈海音詩〉中寫著：

「曾文溪畔少行人，草地常愁劫奪頻；何似春風香腳好，去來無恙總依神。」

意思是說：曾文溪畔人煙稀少，自古常有歹人劫奪行人，但因前往拜謁北港媽者不下數千人（謂之「香腳」），強盜再也不敢打劫，而且劫者必遭神譴。

　　樹璧禪師受信徒虔誠所感動，便答應長居笨港。於是居民們爲他建造了一間小竹祠，內祀媽祖，成爲當地的信仰中心。

　　清雍正八年（公元 1730 年），神祠屢現神光，鄉民均以爲媽祖神異，便聚資購瓦改建神祠，並取名爲北港「天后宮」。

　　當時的諸羅縣令馮盡善聽聞媽祖靈驗，便批准樹璧禪師

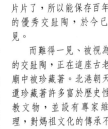
交趾陶是一種集塑造、繪畫、燒陶於一體的藝術品。廟宇都會特別聘請善於製作交趾陶的藝匠來從事塑造設釉燒製等工作。通常一座廟宇中所需的件數多達千件，最少也上百件，這種工作非一年數月就可趕工完成，而且要保持每件燒製的交趾陶，都能有上乘的藝術價值，更非易事。廟宇中交趾陶的珍貴意義就在此。也因此，較好的藝匠也許畢生只能為幾座廟宇貢獻心血，加上台灣的廟宇，差不多歷經數十年就要翻修一次，而交趾陶是低溫的軟陶，原先是固定黏附於牆壁，一經翻修也就掉落分碎片片了，所以能保存百年以上的優秀交趾陶，於今已不多見。

而難得一見、被視為國寶的交趾陶，正在這座古老的寺廟中被珍藏著。北港朝天宮中還珍藏著許多富於歷史性的宗教文物，並設有專家維護管理，對媽祖文化的傳承不遺餘力。

日治時期朝天宮景觀（日治時期明信片）。

日本據台初期，北港朝天宮與全台寺廟一樣受到戰火波及，香火一時中斷。但隨著政治情勢的穩定，也慢慢恢復原來的宗教活動。明治三十八年（1905年），嘉義發生大地震，朝天宮大殿毀損。但在當時的北港支廳安武昌夫的建議下，由當地士紳向總督府提出復建募款計劃，經核准後，全島信徒大力募捐，至明治四十五年（1912年）新廟竣工。

在笨港設立渡口，一方面有利行商交通，一方面也讓擺渡所得做為媽祖廟的香火錢。

樹壁禪師則以「人能宏道，非道能宏人」，認為欲使廟宇萬年馨香，則必定要培養生徒以繼承志業。所以收能澤禪師為徒，並夙夜勤加教導，傳其衣缽。後來澤能禪師廣傳其道，收錄了五位弟子，聲譽日隆。彰化縣令聽聞能澤精深佛理，便聘請他擔任彰化縣僧綱司事，總管虎尾溪以北的宗教事務。

至清乾隆三十九年（公元1774年），天后宮棟樑已有剝落損壞，當時的笨港知縣薛肇熿於是往訪地方鄉紳勸捐修廟，不數月即將天后宮整修得煥然一新。這次的擴建，並留下「重修諸羅笨港北街天后宮碑記」做為見證。

以後，「天后宮」經歷了林爽文抗清事件，以及海盜蔡

牽侵擾事件，寺廟已殘破不堪，經當時的住持沅衷禪師的努力勸募，北港媽祖廟才重現風貌。由於原天后宮香火來自湄洲朝天閣，因此正式改名為「朝天宮」。

到了道光四年（公元1824年），福建水師提督王得祿捐款修廟，地方人士熱烈響應，朝天宮才得以有今天的面貌。

接彈佑民的傳說

在二次世界大戰快結束之際，有個奇蹟在台灣流傳。沒有人知道這個故事是真是假，但是大家仍繼續傳頌著。

當時，美軍常常轟炸台灣，有一天，有一個美軍飛行員像平日一樣執行他的轟炸任務，地面上的人也同樣四處走避。忽然間，一位美麗的女子在空中出現，飛行員看見那位和天一樣高的女子，慢慢地以她白色的裙裾將炸彈接起來，然後離開。那位美國飛行員不敢置信，以為自己的眼睛看錯了，但是地面上的人們竟然也說他們看到同樣的奇蹟，他們都說，那位美麗的女子就是他們的媽祖婆。

傳說中的北港媽就

寶印

雲林北港朝天宮提供

當年樹壁和尚由湄洲一併帶來的靈寶符吉，內容是「湄洲祖廟天后聖母護國庇民靈寶符吉」。

神轎

雲林北港朝天宮提供

除了每年三月進香外，善男信女每逢新居落成、婚喜、大拜拜，也會前來恭請媽祖出巡，祈求闔境平安。這時候戴著媽祖聖駕出巡的就是神轎。

這頂巧奪天功的聖母神轎，是同治年間（日據時期）雕刻的，因為它是非常精細的藝術品，如今被安置在北港朝天宮的歷史文物館中。

媽祖神殿

雲林北港朝天宮提供

　　媽祖神殿內，有一口三百年以上歷史的八卦型古井。相傳樹壁和尚自湄州朝天閣奉請媽祖神像渡海來台，在笨港一家路店休息時，發現店旁一口八卦古井，直徑約三尺半，深丈餘，水質十分清澈，精通地理的樹壁高僧將媽祖建祠奉祀於此。乾隆三十七年地方禮聘堪輿家「贛洲師」擇吉改建草祠並遵神意填土七尺，欲將該井填滿，卻屢現奇蹟，隔夜填土自消，又見清澈井水，贛洲師詳觀地理，發現此八卦井有靈氣，斷為龍穴地理之龍喉，龍身向北延伸至三棵柳。龍喉不得填土，遂以陶磚依八卦型砌高七尺，做為神座之中心樁，靈氣得以發揚光大，因此香火旺盛，為全省之冠。

　　下圖為古時媽祖出巡時之婆姐陣頭。

是如此護佑她的信徒，不但爲民抗敵，還具有解旱、乞雨、除疫、保安、求豐收等的神力，也因此朝天宮的香火鼎盛，媽祖分靈更遍及全球各地。

平械鬥的傳說

　　清咸豐年間，北港媽出巡嘉義地區，各地信眾前來祭拜，各地廟宇也都派出陣頭進香，由於陣頭眾多，當地廟宇和北港信眾因爲爭路而鬥嘴、爭吵，最後雙方相約在北港媽返駕離城後，在南門外械鬥。

　　過了午時，媽祖返駕，各廟派出陣頭歡送媽祖，到了南門，忽然間雷聲隆隆、狂風大作，頃刻間下起滂沱大雨，各廟的神轎彷彿千斤重，多少個壯漢都抬不起來。就在這時，北港媽的神轎就像安了一雙翅膀，飛也似地衝出南門。

　　事後，人們發現這場雷雨擊斃了好幾個人，他們都是挾刀帶棍，埋伏在南門溝裡，準備暗殺北港人的歹徒。信眾們都說，這是北港媽顯靈，及時降下雷雨，阻止了一場血腥的械鬥。

孝子釘的傳說

　　清康熙年間，許多人從福建渡海到台灣尋找新生活，為了遏止這波移民潮，清廷發下禁令，不准人民私下渡海來台，很多人因此被困在台灣，無法返回家鄉。

　　當時，有一位姓蕭的孝子，由於等不到父親的音訊，就陪同母親，由大陸來台尋找父親。不幸所搭乘的船隻在途中遇到大風浪沉沒，孝子被漁夫救起，但母親卻被海浪捲走，生死未卜。

　　蕭姓年輕人失去了母親，又無父親的下落，加上身無分文，只能在笨港一帶乞討維生。

　　有一天，孝子經過北港朝天宮，聽聞北港媽神威顯赫靈驗，便入內哭著向媽祖祈求早日找到父母，一家能夠團圓。

　　祝禱完，為表明自己尋找父母的決心，他又向媽祖許願，如果媽祖願意助他一臂之力，他就可以將鐵釘貫入石階。接著，在眾人的驚呼聲中，孝子奮力一擊，這根鐵釘竟完全沒入石階裡，圍觀的群眾一致認為這是媽祖的神蹟顯現，消息一傳十、十傳百，不久，孝子的母親奇蹟式的生還，父親也聞訊趕來，一家人終於團聚重享天倫。

　　據說這根「孝子釘」至今仍留在原地，見證這則孝感動天的故事。

過去時光

雲林北港朝天宮提供

　　左圖為古笨港街景。

　　昔時笨港宮口街(即今朝天宮廟埕前望的中山路)街景。

　　笨港與倫敦相似，係由笨港溪南北兩岸同時發展出來之城市，對外通稱笨港，本身卻再分成南北二港。至乾隆十五年笨港溪稍向南移，乾隆五十二年林爽文之役，笨港北街為爽文部攻入劫掠，縱火，幾成片土，居民移居舊河道新生地；嘉慶二年，颱颶來襲，山洪暴發，笨港溪氾濫，河道南移，衝入南街前後街之間，後街大部份併人北街，合稱笨港北街，前街屋宇被毀甚多，居民逐漸外移，形成北街繁盛，南街衰退之情形，至今猶然。

　　至於「笨港」地名的由來，據說「笨」與堆積之溪沙或沙丘有關，因港域積沙稱笨沙之港，而演變到笨港。也有一說：謂十七世紀初，荷蘭人據台時所繪製台灣地圖，已有「R‧Poonkan」的標誌，笨港即是「R‧Poonkan」之譯音。

自台灣開拓以來，即流傳「笨港媽祖，麻園寮老虎」，虎爺收服雞角精、虎爺治療小孩腮腺炎……等等虎爺顯靈佑民的事蹟。新港奉天宮虎爺頭插金花，張口昂首，表情生動活潑且帶威儀，祀於桌上為其特色，分靈遍布全台，為虎爺之大本營。

左中圖為奉天宮虎爺殿供信徒迎回家中奉祀之虎爺，下圖為日治時期出版醫書封面的虎爺造像。

媽祖的故事

新港奉天宮

　　嘉義新港奉天宮，地處清代之新南港街上，為昔日舊南港街遷居至新南港街之移民所創建。它的廟名據說源自於嘉慶皇帝的御賜。

嘉慶帝敕封賜名

　　笨港為清代乾隆以前台灣中南部的重要貿易港口，因與大陸之間海上貿易活動頻繁，居民普遍信仰媽祖。清康熙三十九年（公元1700年），笨港附近居民鳩資興建「笨港天后宮」以祀奉當初隨船護佑先民來台開墾的「船仔媽」

聖像，後來由於溪川改道，該廟遭大洪水沖毀。

乾隆年間以後，笨港地區因河道淤積，商務不便，洪水肆虐以及漳泉分類械鬥嚴重等因素，其舊南港街居民紛紛移居至麻園寮地區，再建新南港街，若干年後，人煙輻輳，百貨充集。原笨港天后宮遭洪水沖毀後，新南港街紳民乃於嘉慶十六年（公元1811年）於現址再建媽祖廟。

至於「奉天宮」之名的由來，則傳說當時嘉慶皇帝正遊台灣，福建水師提督王得祿因於笨港天后宮前結識嘉慶帝，結為金蘭之交，因而飛黃騰達。之後，王得祿捐俸且邀集十八庄人士共同捐貲整建天后宮。並於嘉慶十七年（公元1812年）新廟落成時，請旨敕封賜新港新建宮號「奉天宮」，這就是「新港奉天宮」的由來。

如今，每年彰化南瑤宮、大甲鎮瀾宮等廟均往進香，每逢香期，萬頭攢動，香煙繚繞，炮竹喧天，極一時之盛。

門神彩繪
雲林新港奉天宮提供

新港奉天宮豐富的建築藝術，門神彩繪、對聯、石獅、木雕、石雕、詩詞書法、交趾陶、百鳥朝鳳柱等，很值得一一欣賞。此圖為新港奉天宮的門神彩繪——「風、調、雨、順」四大天王。

台灣廟宇的彩繪，主要繪在門、窗柱樑，以及牆壁上面，這些繪畫的題材包括人物故事畫、花鳥畫、山水畫等，幾乎中國藝術所表現的領域，都能在廟宇繪畫中發現。不同的是中國藝術自明清以來注重文人畫，設色淡雅，用筆簡潔，而台灣廟宇的繪畫，則趨向色彩的絢麗，用色強烈、對比調和。而且常用大紅、綠、黃、藏青、白等色，黑色使用得較少。這種以大紅為主的色調，是出自於幸福的快樂感，再則含有正義大吉的意義。因為神明正是正義的象徵；神代天行道，能驅邪治病，神所居住的廟宇自然要有使人正義凜然的安全感。

鹿港天后宮

　　鹿港天后宮創建迄今已逾三百五十餘年，係台灣唯一奉祀湄洲祖廟開基聖母神像的廟宇，信徒遍佈於台灣各角落，終年香客絡繹不絕。

台灣開基祖廟

　　鹿港昔時為天然良港，與大陸商貿頻繁；為祈求航海安全，當地民眾集資於明永曆元年（公元1647年）建蓋了鹿港天妃廟（縣史稱「北頭聖母廟」），崇祀媽祖，做為精神寄託之所。其遺址在現址北側三條巷（古地名「船仔頭」）。

　　康熙二十二年（公元1683年），施琅將平台時所恭請湄洲祖廟之開基媽（二媽）神像留台奉祀後，開基媽便停駐在「船仔頭」的媽祖廟接受鄉民的香火奉祀。由於媽祖廟的香火日漸鼎盛，原有媽祖廟的空間已不敷使用，再加上鄉民的生活情形日漸改善，鄉民在感念神恩的情形下便將舊廟遷至「粟倉內」並改建成規模較大的廟宇，其平面格局則無法得知，直至施世榜獻地，遂於雍正三年（公元1725年）擴建天后宮，正式將媽祖廟遷建於現址。

　　相傳鹿港天后宮內的的媽祖原奉祀於賢良港祖祠，為六

這幅以鹿港天后宮開基媽祖為題材的傑作，生動地表達出媽祖的慈悲與關懷。面對她的畫像，不論販夫走卒，即使窮凶惡極，都能在她的跟前體驗本心的良善。

鹿港天后宮的鎮殿媽來自湄洲，但畫家以台灣特產的草蓆做為素材，藉由它的鄉土與古樸，象徵台灣人與媽祖婆獨特的因緣──台灣，是媽祖的新故鄉；而媽祖，是台灣最普遍而深固的守護者。

湯富淳

1954 年出生於台灣高雄，學生時期屢獲全國美術展覽首獎，現服務於三信商業銀行，國內外個展多次，作品並獲各大美術館、文化中心典藏及海內外私人收藏。

草蓆畫的素材是台灣特有的大甲蓆，具有天然的植物纖維，比紙、布更抗酸鹼。畫家研究創作台灣草蓆畫多年，擅長運用草蓆特殊的肌理，結合創作構想並混合多媒材，藉此以突破平面束縛，來成就另一個嶄新的藝術生命。

尊開基媽祖的第二尊（由施琅將軍恭請來台，奉祀於鹿港天后宮，俗稱「二媽」），人稱「湄洲媽」，因此鹿港天后宮又有「台灣開基祖廟」之稱。原神像為粉紅面，由於不斷受香火之燻染而成黑面，故又被稱為「黑面媽」或「香煙媽」。

廟宇之美

鹿港天后宮湄洲媽不但神靈顯赫，香火鼎盛，更因廟宇年代久遠、規模宏偉而聞名遐邇。尤其建築結構富麗堂皇，古色古香，雕樑畫棟獨具匠心，彩繪及木石雕刻，皆精緻絕倫、巧奪天工，故有「藝術殿堂」之稱。

廟中陳列的珍貴史料及宗教文物，更是令中外人士嘆為觀止。如廟內「神昭海表」、「佑濟昭靈」匾額，均為乾隆皇帝御筆敕賜。其餘文物亦多富歷史藝術價值。

鮮花徵示的傳說

相傳，清朝同治年間，鹿港有一個蔡氏婦人懷孕在身。一日夜裡，她夢見一位紅衣女神手拈三朵鮮花，送到她面前。這三朵花，兩朵白色，一朵紅色，鮮豔碩大。她滿心歡喜，趨前捧接時，忽然醒來，只覺腹內陣陣疼痛，產下一個白白胖胖的男孩，一時滿室花香。蔡氏婦人料定此子將來必有作為，就給他取名「德芳」。

這蔡德芳長大以後，生得面如滿月、天庭飽滿，為人誠實、樂善好施。只是仕途不順，兩試不第。

轉眼間，春闈在即。值逢農曆三月二十三日媽祖誕辰慶典。

一早，蔡德芳就前往鹿港天后宮進香，但見宮內煙霧繚繞、爆竹喧天，善男信女，披紅帶綠，虔誠膜拜。蔡生遊覽

廟堂時，見宮內許多題刻都已經剝落，有違崇奉。於是，他拈香許願道：

「此科功名如能得中，弟子定出資會同本鄉百姓，重修廟宇。」祝罷，回歸家中。

這天夜裡，蔡德芳秉燭夜讀。鼓打三更，蔡生感到睏倦。忽然，一位青衣少女飄然來到他的面前，口稱：「主人有請。」

蔡生覺得好生奇怪，卻身不由己地跟隨青衣少女走進一座大花園。

這裡花木扶疏，樓台水榭，恍若仙境。只見一位紅衣少女正在倚欄觀花。蔡生誠惶誠恐，不敢仰視。

「你可是蔡德芳？」紅衣女子問道。

「不才正是！」

紅衣女子摘下一枝鮮花遞給他。蔡德芳趕緊接過，見

籤詩

楊永智提供

清代鹿港天后宮使用的籤詩。

正殿媽祖
黃晨淳攝影

正殿神龕內供奉來自湄洲嶼天后宮六尊開基媽之「二媽」。

鹿港天后宮有的是小鎮古樸的歷史痕跡，裡頭的斗拱、八卦藻井、雕樑畫棟等，全都是出自鹿港匠師的傑作。媽祖廟古蹟建築特色多，每個角落都各有各的故事與傳說，神龕上雕刻精細的花鳥柱，是女性神像的專屬；而施琅當年奉請來台的千年媽祖本尊，因為尊貴異常，平日不對外開放朝拜，只有在除夕夜晚上十一點十五分會從裡面請出來，一直到端午節以後會再請回去，可以讓媽祖跟信徒更近距離的接觸。

由於鹿港天后宮是台灣唯一奉祀湄洲祖廟開基聖母神像的廟宇，由鹿港天后宮分靈分香出去的大廟宇有麥寮拱範宮、朴子配天宮、彰化天后宮、澳大利亞墨爾本、美國柯羅拉多洲、日本長崎平戶市媽祖文物保存會等共達二千多座，信徒遍佈於台灣各角落，終年香客絡繹不絕，每逢農曆1月至3月間的進香旺季，更是人潮洶湧，水洩不通。

枝上花兒三朵，二白一紅，香馥怡人。就在蔡生玩賞之間，一陣輕風吹過，紅衣女子和花園轉眼間不見了，再看手中花，紅色逐漸變為白色。蔡德芳驚醒過來，把夢中所見詳細告訴了母親，蔡母想起分娩前的夢景，與此一般無二，卻百思不得其解。

這年會試，蔡德芳果然高中進士，他選了一個良辰吉日往天后宮拜謁媽祖。跪拜時，見神帳裡的媽祖神像與夢中那紅衣女子的相貌一樣，這才悟出原來是媽祖考前賜夢，三朵花指三試方能及第，鼓勵他不懈努力。於是他即刻籌劃還願，傾盡家資，整建天后宮，將廟地移北八尺，增寬三尺。

後來，蔡德芳認為夢中紅花變白，是媽祖暗示他宦海浮沉，仕途艱險。於是，棄官而歸，在文廟內書院充任主講，培育英才，其門下名賢輩出，傳為美談。

鹿港興安宮

興安宮俗稱「興化媽祖宮」，「興化」係指今福建東南沿海，自仙遊縣至莆田縣一帶。因此，「興化媽祖宮」意指由福建興化地區移居鹿港之商人、移民所建立的廟宇。

鹿港第一座媽祖廟

鹿港在清廷領有台灣以前，即因其地理上的優越性，而為台灣的重要港口之一。台灣入清版圖後，鹿港以其與大陸之間的直線對航距離最短，再加上於乾隆四十九年（1784年）正式開港，而成為中國福建沿海居民渡台的主要登陸口岸之一。雖然泉州人在鹿港地區是主要的構成祖籍，但據文獻記載，興化籍民來往此地事實上早於泉、漳州人。

鹿港興安宮是興化移民在台灣鹿港地區最早建立的一座媽祖廟，見證了媽祖文化在台傳播的歷史。

雙獅彩繪與嘉慶石鼓。

媽祖的故事

康熙二十三年（1684年），即台灣歸入清國版圖，鹿港地區的興化籍民便從福建省迎請天上聖母到鹿港，創建了鹿港地區的第一座媽祖廟，取名「興安」，則有祈求保佑「興」化人平「安」的涵義。就因為它是興化人所建，因此除了做為一般的信仰中心外，它尚有做為興化人在鹿港的會館與行政中心。

以後，隨著鹿港與蚶江正式的對渡之後，漳州人與泉州人漸次移民鹿港，興化人反成人數較少的族群，其重要性遂逐漸沒落，興安宮的廟產也漸遭強佔。廟前的方埕被民宅所佔用，以致變成了巷道；而線條優美的燕尾屋脊也因鄰近的房屋蓋起了樓房，以致被包夾在鄰牆之間，不復舊時的氣勢。

媽祖信仰與會館、宗親會

　　在媽祖信仰裡，有一個有趣的特徵，那就是做
為媽祖信仰的所在——祠廟，往往會和與之無關的
公會、行幫性質的會館結合，這是中國社會結構中
最具特色的一種組織型態，此為外族所罕見。會館
的作用無非是聯絡鄉誼、互通商情，旅寓寄居的公
共場所，依此相互幫助，團結對外，共謀在異鄉求
得發展壯大。中國的會館幾乎都供奉媽祖，形形色
色的會館又代表著不同階層和形形色色的民眾，媽
祖的作用似乎已遠遠超越出護航這一行業的局限，

鎮殿媽祖

楊永智提供

　　興安宮雖幾經失竊毀
損，但留存至今的文物仍相
當可觀。如三百年前從湄洲
祖廟分靈的媽祖軟身聖像、
正殿木雕媽祖及一對木雕宮
娥，就是劫後餘生的百年文
物。

神明過爐燈

楊永智提供

　　鹿港興安宮三川殿的
神明過爐燈。

興化宮除了是鹿港最早的媽祖廟外，尚有三百年前自湄洲來台之湄洲媽祖廟恭請分身而來的「軟身媽祖」。「軟身媽祖」就成了興安宮的鎮宮之寶，而且也是台灣的媽祖信仰中，一項頗具歷史意義的文物。

為了防止如此重要的文物失竊，廟宇管理人將之安奉於親戚家中，故無法在宮中見到。

而成為一種聯繫各種共同體的精神紐帶。這也就是為什麼在海外，幾乎所有的華人會館都供奉媽祖的原因所在。

宗親會也是中國社會結構中另一種深具特色的形式。近年，與媽祖同姓的林氏宗親會更號召世界各地林氏子孫集資修建「林氏宗祠」，宗祠內供奉九牧公牌位以及媽祖神像。

在中國歷史上，只有極特別的人士可以享有祭祖與祭神同於一堂的殊榮，譬如關帝。在中國歷史上，也只有為數不多的神靈可以出現於形形色色的會館之內，譬如觀世音菩薩。但關帝與觀音都是虛構的神化人物。在歷史和現實生活中，似乎只有媽祖確有其人，而且，只有她可以同時佔據祠廟、會館和宗親會等性質完全不同的各種空間。

彩繪鹿港
楊永智提供

從這份光緒十二年興安宮古圖彩繪中，可以看出興安宮在乾隆以前，是一個擁有龐大資產的寺廟，同時也是清初古鹿港一個發源基地。然而，隨著渡口正式設建，閩粵移民激增，泉州裔數量更是後來居上，以致興化人外遷沒落，興安宮的香火再也不復以往。

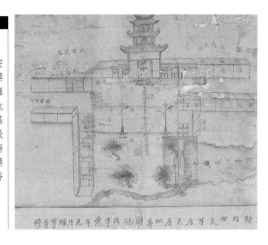

鹿港新祖宮

　　乾隆五十一年（公元1786年）冬，台中地方移民中最有影響力的領袖人物林爽文聚眾反叛，在大里（今台中縣大里市）起事。短短一個月內破大墩、彰化城、諸羅等地。隨後，南路莊大田亦攻鳳山縣，南北兩路會師合攻台南城，至此戰火遍及全台、府城告急。於是清廷派水師提督黃仕簡率兵由金門抵鹿耳門、派陸路提督任承恩率兵由興化抵鹿港，再命總督曹長青來援，但均未奏功，情勢由劣勢轉為危急，震動朝廷。

鎮殿媽祖
彰化鹿港新祖宮提供

於是，乾隆降旨詔命陝甘總督嘉勇公福康安爲大將軍，率領巴圖魯侍衛數百員及十萬大軍，戰船數百艘於同年十月二十八日由福建崇武澳出發，海途中忽遇颶風侵襲，全軍譁然，福康安亦失色，於是虔禱媽祖，果得庇佑，一時風平浪靜，大軍安抵鹿仔港。

當時港口檣桅如櫛，連接數里之遙，軍威因此大振。十一月初四開始進軍，兵臨諸羅數縣所向無敵，福康安默知有此奇蹟乃媽祖神助，於是上奏天子，是年臘月奉詔撥賜國帑擇地敕建天后宮以奉祀，自此清軍連戰連捷，勢如破竹，十二月征剿北路，至乾隆五十三年（公元1788年）二月南北兩路戰事均告平息，其間祇不過三月餘。

新祖宮原爲有別於湄洲祖廟稱「新天后宮」，後民間爲有別於舊祖宮（即天后宮），俗稱「新祖宮」。

該廟因係乾隆敕建，建築格局仿宮殿。殿之兩廂設文武朝房以爲文武官員行香時休息。四周砌石牆，門外立「文官下轎，武官下馬」之御敕石碑。可惜此碑在日治時代因故有的文化宗教抵觸日本當局「皇民化」政策而遭破壞。

彰化南瑤宮

南瑤宮又稱「彰化媽祖宮」，位於今彰化市南瑤里。因創建時此地乃是「邑治南門外尾窯」，故以「南瑤」爲名。其建築特色極爲特殊，集閩南、東洋以及歐風於一身。

憶過往
楊永智提供

圖爲日治時期南瑤宮的正殿與右廂以及觀音佛祖殿。南瑤宮格局原爲兩殿，於日治時期再建第三殿觀音佛祖殿。

笨港媽祖分香建廟

彰化縣於雍正初年設治，雍正十二年（1734年）時縣令秦士望仿效昔日諸羅縣知縣周鍾瑄的辦法，在街巷外遍植莿竹爲城。相傳當時因工程頗大，故需自四方招攬工人參與，其中有來自諸羅縣笨港街的陶工楊謙者自家中帶來笨港天后宮天上聖母的香火做爲護身符，並將香火掛在建城的工寮內。不料，每到入夜，工寮便五彩繽紛，燦爛奪目，附近居民皆以爲奇蹟，相信此爲天上聖母顯靈所致，於是當地士紳

南瑤宮媽祖神像及神龕

發起募建，就在工寮所在創建南瑤宮，至乾隆三年（公元1738年）始告建成。

集閩南、日式以及西洋風格的建築群

南瑤宮自建廟後，兩百多年來祭奉媽祖頗多靈應，因此信徒

遍布全省，有「彰化媽應外方」之譽，聲名遠播，因其由笨港分香而來，信眾便自行組織鑾班會及輿前會，做為每十二年一次聖母正駕前往發源地——笨港進香時的護衛。信徒另又組成媽會，輪流舉辦笨港進香以及重要祭祀，現有老大媽會、老二媽會等十個媽會組織，每年舊曆三月該廟信徒均會前往笨港進香。

　　日治初期，原來的南瑤宮已日漸老舊，再加上各地前來的香客人數與年俱增，廟內空間愈感不足，地方人士於是積極倡議改築。大正二年（公元1913年），南瑤宮改築委員會成立，並推舉地方士紳分董其事，著手募資改建。大正五年（公元1916年）時完成一座日式神殿，即今之觀音殿（後殿）。然而此一神殿因埋立不實、砌造不牢以及白蟻為害，數年之後即需要再行重修。於是老二媽會總理便對外勸募資金。但當時因受商界景況蕭條影響，再加上主事者先後棄世，直到昭和十一年（公元1936年）才完成廟殿的整建，廟貌煥然一新。

　　民國六十年代以後，南瑤宮後側又增建凌霄寶殿及左右香客大樓，使得南瑤宮成為一座兼具台灣廟宇式樣與西洋、日本風格的特殊媽祖廟建築群。

觀音殿

楊永智提供

　南瑤宮附祀觀音佛祖的後殿，極為特殊。為一摻雜西洋風格的日式建築，有歇山重檐的屋頂、閩南建築的構架，更摻雜了街屋露台的點綴與歐風柱廊的外貌。

神符雕版

楊永智提供

　清代南瑤宮使用的大型神符雕版。

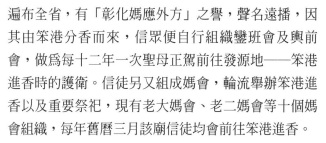

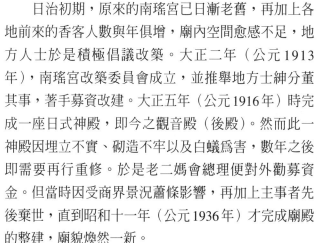

台中市萬和宮

正殿除奉老大媽外,還有嘉慶時期的老二媽、光緒時期的聖二媽、聖三媽及民國時期的聖母老二媽等。

萬和宮位於台中市文化的發源地——南屯區,始建於清雍正四年(公元1726年),為國家第三級古蹟之一。

昔時「犁頭店聖母廟」

萬和宮又稱「犁頭店聖母廟」,它的建立與台中地區的漢人開發史有密切的關係。

原來現今萬和宮所處的南屯區,古時稱為「犁頭店」,原為巴布薩平埔族貓霧捒社分布之地區。明鄭時大將劉國軒便曾因「番」亂駐兵於此。清領台灣後,閩粵一帶移民不斷移居,此地以正當彰化平原進入台中盆地之要衝,具有地利之便,因而吸引了無數移民就近聚集,是台中市最早形成的市街。因為此地以交通樞紐及墾地交易中心為最重要的聚落機能,工匠們集居此地製造農具,以供應拓墾者所需,打製犁頭的農具店鋪群聚於市肆街坊,故時稱「犁頭店街」。

清康熙二十三年間,卸任的浙江定海總兵張國等人至貓霧捒社一帶開墾,並由福建湄洲恭迎媽祖神像護身,平安抵達社地後,感於媽祖靈佑,於是草創一祠,供奉膜拜。

其後,媽祖常常顯現聖蹟,膜拜者病者痊癒,商者

殷盛，農耕者豐收，犁頭店市街日漸繁榮，於是由張國獻地發起建廟，旋由居住犁頭店一帶張姓以外之廖、簡、賴、黃、江、何、楊、戴、劉、陳、林等十一姓，集資建廟，雍正四年（公元1726年）廟宇完竣，定名為「萬和宮」，供奉俗稱「老大媽」的聖母媽祖寶像；「萬和」二字寓意，希望藉祭拜媽祖，保佑不同族群能「萬」眾一心、「和」睦相處，共謀地方發展。

台中萬和宮現貌
萬和宮提供

萬和宮已列入國家三級古蹟，是一座古老的廟宇建築。三開間前殿，計開三門，木質裝修鏤雕精美。前檐用六角石柱，柱頭處且具有蓮瓣形凹槽，形成頗為罕見。

萬和宮座西略偏南，是一座三開三進兩廊兩護龍的縱深式廟宇建築。左與三層的萬和宮事務所（由左護龍改建）為鄰，右設院牆與金爐，背倚改為北方宮殿式樣的犁頭店文昌宮廟。

剪粘藝術之美
吳榮燦攝影

剪粘是台灣廟宇建築上重要的部分，係清末有洪坤福者來台，傳授徒弟後，普及於廟宇的裝飾藝術。它融合了雕塑、鑲嵌、彩繪等技巧，素材大概分為陶、磁片、碗片，玻璃片及現代的塑膠片等四種。

早期剪粘的做法是運用石灰、糯米加上糖水，經過長時間的搗碎，成為稀爛而有黏性，作為塑造各種形態的物體，然後將碗片剪成可利用的各種形狀，黏接在塑造的形態上。

剪粘的作品大部份安置在廟頂燕尾脊排頭上或屋外牆壁堵上，有的廟宇甚至於整個屋樑脊上都裝飾滿了剪粘，包括廟脊兩邊的雙龍、中間的福祿壽三神、三官大帝或寶塔以及樑上的花鳥、龍鳳、八仙、飛禽走獸、牡丹等等，令人遠遠望去有金碧輝煌之感。

自此以後，百餘年來香火鼎盛。至道光元年（公元1821年），因地震廟殿損毀，十一姓氏族合議開會，決定由各字姓集資將廟殿修復；如此幾次整建，萬和宮迄今歷經三百多年，廟宇香火愈形鼎盛。

特別的「字姓戲」

每一年春天的媽祖誕辰，台灣各地都會掀起一陣媽祖熱潮，萬和宮當然也是人山人海。最特別的是，萬和宮以全台獨一無二的「字姓戲」取代遶境拜祀。

相傳清道光五年（公元1825年）時的媽祖誕辰日，萬和宮老二媽參與台中地區十八庄之出巡。但遶境活動完畢，返回萬和宮時，老二媽似乎遊興仍熾，神輿怎麼都扛不進廟殿。

眾人一時不知所措，最後商議決定演戲納奉；十一字姓代表並祈求媽祖，議定以後每年自三月二十一日起，由

托木木雕

吳榮燦攝影

寺廟的木雕經常讓人眼花撩亂，其實所有的木雕都有結構上的功能，故匠師雕鑿時有其準則，結構性強者僅能淺雕，輔助性的構材才能透雕。圖為萬和宮內「托木」部份的木雕。

托木又稱插角、雀替，位於橫與柱的交點，是三角形的鞏固構材，題材有鳳凰、鰲魚（龍首鯉魚身）、花鳥、人物等。

各府字姓依序舉行三獻禮祭典，並演梨園戲以娛神覽，媽祖神輿這時才得以順利進廟。

自此以後，每年萬和宮都會獻戲於宮前的廟埕，每日三棚、四棚、十棚不等，最多曾有一天高達十八棚，並曾有二年高達一百棚之紀錄，可謂盛況空前。

此習俗延襲至今已一百八十年，每年的農曆三月二十一日起一連五日，首日演出漳州戲，二十二日廣東戲（潮州、嘉應州、惠州三府），二十三日媽祖誕祭，二十四日泉州戲，二十五日汀州戲，接著除捐地之張姓外，各姓氏之祭祀公業輪番請戲班來演戲。緊接著謝神戲與歌仔戲也上演，如此持續一個多月，形成地方傳統民俗。

老二媽的傳說

萬和宮正殿除奉老大媽外，還有嘉慶時期的老二媽、光緒時期的聖二媽、聖三媽及民國時期的聖母老二媽等。

老二媽的傳說：因萬和宮自建廟以來，媽祖屢顯靈驗，為應付信徒之迎請祭拜，嘉慶八年（公元1803年）十一月，增老二媽神像一尊；相傳神像完竣後，適有西屯大

台中萬和宮現貌
黃晨淳 攝影

萬和宮已列入國家三級古蹟，是一座古老的廟宇建築。三開間前殿，計開三門，木質裝修鏤雕精美。前檐用六角石柱，柱頭處且其有蓮瓣形凹槽，形成頗為罕見。

萬和宮座西略偏南，是一座三開三進兩廊兩護龍的縱深式廟宇建築。左與三層的萬和宮事務所（由左護龍改建）為鄰，右設院牆與金爐，背倚改為北方宮殿式樣的犁頭店文昌宮廟。

魚池（今西屯區西安里）一位廖姓花閨女突然去世，其魂魄飛往萬和宮，當時正舉行老二媽開光點眼之儀式，一位賣針線化妝品的「什細仔」在路上遇到該女欲前往萬和宮，乃請託「什細仔」帶話轉告其雙親勿傷心，並交代門前桂花樹下埋有龍銀，可取出為用。其母聞之，趕至萬和宮探尋，見老二媽神像有淚水從眼滴下，如愛女已羽化而去。此一膾炙人口之傳聞被列為犁頭店媽祖神蹟之一，自此犁頭店媽祖乃與西屯結下不解之緣，自嘉慶年代以來，西屯區廖姓人氏乃稱萬和宮「老二媽」為「老姑婆」，一如台灣各地林姓媽祖為「姑婆」，並三年一次請迎「老二媽」回娘家大魚池敬拜，成為當地習俗之一。

大甲鎮瀾宮

鎮瀾宮是大甲鎮最具規模的寺廟，也是全省宗教文化活動的重要廟宇。每年「大甲媽祖遶境」是台灣最富盛名的媽祖慶典活動。

歷史沿革

大甲是台灣中部靠海的鄉鎮，原為平埔族道卡斯族（Taokas）聚居處，「大甲」即其音譯名。大甲以出產三角藺草，編織成草帽、草蓆，在日治時期早已馳名全省。如今，與大甲最密不可分的便是奉祀媽祖的「鎮瀾宮」。

相傳清雍正八年（公元1730年）福建省莆田市湄洲島人氏林永興，自湄洲媽祖祖廟奉請天上聖母神像來台，途經大甲堡，定居謀生，並將媽祖奉祀於自家宅中。

當時移民多篤信湄洲媽祖，於是紛紛前來參拜，祈求媽祖庇護，後來屢傳媽祖顯靈事蹟，信徒有求必應，因此香火

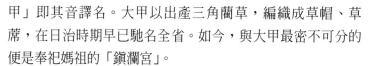

鎮殿媽

台中大甲鎮瀾宮提供

鎮殿媽祖神像頭戴鳳冠、身穿龍袍、雙手盤靠、十指互拱。雙眼垂瞼下望，神前一方磚，與神明眼神交互映對。神像垂瞼下望有慈悲、反省與內斂的氣質，左右隨侍的是她的侍女。

據說鎮殿媽祖是軟身媽祖，手腳身體都可以自由轉動，二次大戰期間，盟軍丟下兩顆炸彈在大甲街上，一顆炸燬火車站一帶；一顆未爆彈落在媽祖廟旁的市場邊，當時鎮殿媽祖的雙手是張開的，民間流傳是鎮殿媽祖顯靈接砲彈，才使鎮瀾宮城內一帶沒有受到炸彈損傷。

鎮瀾宮

台中大甲鎮瀾宮提供

日治時期的鎮瀾宮。

香火鼎盛的大甲媽祖廟是大甲五十三庄民的精神皈依。以前稱做「天后宮」，即今名聞中外的「鎮瀾宮」。大甲鎮民習慣稱它為「媽祖宮」，廟中科儀則慎重的稱呼「天上聖母」。日治以後，文獻資料皆記錄大甲媽祖廟為「鎮瀾宮」，至於何時改，為何而改，地方者老也都不知原因。

「金」雕細鑿
金暢企業有限公司提供

真人大小的黃金媽祖立像，係由金雕名師柯建華費時一年設計與打造，整尊金身完全用手工依古法的錘鍱、鏨刻、敲花、焊接、拋光等工法完成。

黃金媽祖相貌莊嚴中帶著慈祥，頭戴鳳冠，手捧金如意，在師父巧奪天工的手法下，髮絲清晰可見，金身衣飾從花邊、薄紗、外袍、披風以四層立體呈現，外袍上左右雕有金鳳，披風上雕刻雙龍戲珠，雕工精緻，栩栩如生，展現媽祖的莊嚴法相，是一尊創記錄的金雕藝術臻品。

日盛。大甲地方縉紳見此盛況，便徵得林氏同意，在鎮瀾宮現址興建小祠奉祀媽祖。

當時，鎮瀾宮只不過是一個小廟，但因信眾多，空間已不敷使用，便於清乾隆三十五年（公元1770年），進行小規模改建，並取名為「天后宮」。

到了清乾隆五二年（公元1787年），台灣府淡水廳大甲分司誠夫宗、同鄉進士出身福建的陳峰毫和地方縉紳連昆山等人，屢次發起獻地重建，經五十三庄居民們共襄盛舉，終將廟擴建為現今的規模，並正式改名為「鎮瀾宮」。

民國十三年（公元1924年），鎮瀾宮住持禪師因故離去，而改為街庄民所有制，迄今未變。至民國二十三年（公元1934年）大甲仕紳與地方弟子聯合發起重修鎮瀾宮計劃；翌年四月，清水、后里一帶發生大地震，死傷無數，大甲地區卻安然無恙，民眾感念媽祖神恩祐民，遂於民國二十五年（公元1936年）重修。落成時，舉行鎮瀾宮首次祈安清醮大典，後來更衍生為一年一度的大甲媽遶境進香盛會，鎮瀾宮自此名聲顯赫。

大甲媽的神蹟傳說

大甲媽祖一向被台灣南部的人稱為「雨媽」或「過水媽」，原因是大甲媽祖進香時都有雨水隨駕，常常

媽祖娘娘們

大甲鎮瀾宮歷史悠久，近三百年來香火鼎盛，也分靈不少媽祖神像香火到外地。然而最古老的六尊媽祖依然永駐大甲，自古以來就有一首順口溜：「大媽坐殿、二媽吃便、三媽愛人扛、四媽鬮尻川、五媽五媽會」俏皮的述說媽祖神像的職司。其原由為：二媽，別稱「鎮殿二媽」，坐在大媽的前面，也是長年鎮守在廟中，但一般信徒朝拜媽祖，目光均集中於大媽身上，信徒的事自有大媽處理，而且二媽也不出巡也不進香，因此，二媽僅享受人間煙火，不須負什麼責任，所以稱吃便（撿現成便宜）。

三媽，是指副爐媽，副爐媽在民國以前平日常駐爐主家或接受五十三庄民眾請回家祭拜，三月還得和正爐媽到南部遶境進香，因此稱愛人扛（常坐轎四處巡訪）。

四媽：是指正爐媽，專門負責醫療，神座下方長年被信徒挖木屑當藥引治病，故稱鬮尻川。

五媽：經常在外參與民間神求活動，故稱五媽會。

為沿途的庄頭帶來春雨、及時雨。雖然進香團的工作人員常常也因此淋到雨，但人人不以為忤，都認為這是媽祖為民眾普降甘霖所致。雖然沿途有雨，但近百年來，祝壽大典卻從來沒有下過任何一場雨。而雨中前進頭旗上那支貢香從來沒有被淋熄，由此可見大甲媽祖的聲威頂盛！

大甲媽祖的神蹟傳說相當多，近年（公元1999年）的台灣百年大劫「九二一大地震」，民間便盛傳大甲鎮瀾宮正三媽早已指出先兆；大甲鎮瀾宮還有兩則著名的顯聖故事：

話說清乾隆五十年秋，嘉慶君為太子時，微服私遊台灣。當太子一行乘船夜經大甲西方海面時，突遭狂風暴雨侵襲。頃刻間巨浪滔天，伸手不見五指，難辨東西南北。

嘉慶太子在船艙中驚恐萬分，連忙向上天禱求救助。不久忽然發現遠處出現燈光，船家連忙隨燈光航行，不一會兒便脫離險境，平安駛進港口。

驚魂

媽祖神像

大甲鎮瀾宮提供 鄭銘坤蒐藏

本組媽祖、侍女、二神將神像據說是五百年前的作品，媽祖、二神將與侍女，來自同個年代、同一位匠師，更顯其珍貴。但不知為何流入民間，後輾轉被蒐藏家發現，視若珍寶，現典藏於大甲鎮瀾宮文化大樓。

木雕媽祖神像，細膩繁複，衣袍紋飾以粉線表現，頭戴「九龍冠」，民間所謂「九龍冠」即「冕旒」，「冕」乃大夫以上至諸侯天子所戴之禮帽，以絲線貫珠玉垂冕謂之「旒」，天子有十二旒，諸侯九，上大夫七，下大夫五，媽祖自北宋宣和至元明清歷代誥封貴為天后，因此冕配九旒；民間造像於冕前緣雕龍頭以垂旒，因而稱「九龍冠」。

未定的嘉慶太子惶惶地上岸，一抬頭，竟發現引路的是一頂燈籠，燈籠上寫著「鎮瀾宮」三字，經詢問地方百姓，才知道是當地有名的媽祖廟，而方才怒海逃生即是蒙大甲媽庇護。於是，嘉慶太子賜名原名「海漧厝」的港口為「大安港」，並隨即率領隨從前往鎮瀾宮參拜謝恩。

後來嘉慶太子回朝向乾隆皇帝稟明詳情，乾隆感戴大甲媽護救太子之恩，便賜匾一面，親書「佑濟昭靈」，這面御匾至今仍懸掛於鎮瀾宮正殿上。

清光緒三年，光緒皇帝欽命大甲巡撫楊本縣，限時建造大甲溪堤防。但因河床較高，且正值雨季，溪水暴漲，根本無法在期限內完工。

楊撫台因此寢食不安，苦思無策，後經地方人士指點，到鎮瀾宮焚香求救。當天晚上果然夢見媽祖指示說：甲子日當助洪水，三日後一切問題均可迎刃而解。

楊撫台醒後百思不解，到甲子日那天，突然聽到洪水轟隆好似有人在搬運一樣，三天後，洪水退去，而河床沙石也隨著洪水沖刷而去，楊撫台這才恍然大悟媽祖託夢之意，隨即進行工程，沒多久就迅速完成了堤防的興建。

楊撫台將大甲媽顯靈之事上報朝廷，光緒皇帝御筆賜匾一面，書曰：「與天同功」，現亦懸掛在鎮瀾宮。

北投關渡宮

關渡宮約在公元 1661 年創立，是台灣北部最古老的媽祖
廟，原稱靈山廟，位在靈山山頂。俗諺：「北有關渡媽，南
有北港媽。」可見關渡宮在全省媽祖廟中的份量。

關渡媽託夢蓋廟

傳說關渡媽，原是清朝時的唐山媽祖，隨先民渡海來
台。當船行到台灣海峽時，遇颱風使船沉沒，媽祖神像漂流
到淡水河內，被一位農夫拾到，他召集關渡、北投、石牌、
唭哩等四個村莊的居民，一致敬請媽祖暫時安奉在河邊的一

關渡宮

顏大豐 攝影

關渡宮終年香客絡繹不
絕，「關渡夕照」搏得全台
八景之一的美譽。每到燈
會、普渡時關渡宮總是人山
人海，盛況空前。

間小神祠裡。

　　不久，媽祖托夢給村中庄民，告訴他已親自選好廟址，請村民建廟宇。庄民半信半疑，隔天一早即前往神祠祭拜媽祖，卻發現媽祖神像不翼而飛，村人四處找尋，四天後，才在現在的關渡宮址處發現媽祖神像。這時，村人對媽祖顯靈蓋廟之事深信不疑，於是大家籌資準備蓋廟。

　　但媽祖顯靈的事蹟傳開之後，上千人蜂擁而來，自願擔任建廟的工人，漸漸出現糧食不足的窘境。於是，媽祖二度託夢，要村民到廟址後某處山壁找尋，自然就會解決糧食不足的問題，村民依言前往尋找，果然在山壁發現一個出穀米的小山洞。

　　再度出現的神蹟，使得工人精神大振，莫不奮力施工，不久以後，巍峨的媽祖廟就蓋了起來，並取名為「天妃宮」，成為關渡一帶居民的信仰中心。

北投關渡宮現貌
顏大豐 攝影

　　關渡宮是在清順治十八年由開山石興和尚以茅草立廟，康熙五十一年，淡水通事賴科改建，易茅以瓦，五年後，諸羅知縣周鍾瑄修建，題匾「翌天昭佑」，嘉慶十七年三次修建為現址，題匾「關渡祖宮」，臺灣光復後，再擴建，迄今已有三百四十餘年歷史，為臺灣北部最早之媽祖宮。

公元 1895 年，關渡宮前的三株榕樹突然枯死，居民以為不祥。不久，日軍果然佔領關渡，毀民宅三十餘戶，殘殺當地百姓，媽祖神像亦遭日軍火燒刀砍，附近蛇仔村民聞訊，心如刀割，不忍媽祖受辱，乃乘夜渡河，搶救大媽、二媽回村，事平後～送回關渡宮。

次年，台北城之役，觀音山亦遭炮火波及，簡大獅率六百民兵奇襲江頭，切斷台北電話線，轉攻滬尾街，與日人赤狗(一稱斥羽)支隊巷戰於關渡宮獲勝，日軍憤而縱火焚燒廟堂，但大火過後，廟宇與媽祖金身完好無損，僅二媽神像臉上有點煙薰的痕跡。不久，當時參與縱火的日軍全部暴斃身亡。

　　據說當時，這個小山洞每天都會湧出足夠供工人食用的穀米，但後來有一些貪心的人，暗中挖米出售，結果石洞再也不流米了。

媽祖示警的傳說

　　相傳公元1895年，關渡宮廟口的三棵老榕樹，竟然在同一個晚上枯死，居民認為可能是媽祖在向他們警告會有災難。果然不久，日軍佔領關渡，到處燒殺，居民卻因為早有預防，所以能逃過災難。

　　又相傳在日據時代，不少義士以關渡為基地，進行抗日活動，後來被日軍發現後縱火焚燒關渡宮。但大火過後，廟宇與神像竟然絲毫無損，僅是二媽神像臉上有點煙薰的痕跡，而那天參加放火的日軍卻全部無病暴亡。

　　還有一次是在嘉慶十五年時，關渡宮前廟埕突然出現一個陌生的小女孩玩球，駐廟僧侶與執事紛紛出廟前往觀看，正看得精彩時，忽然發生大地震，一時天搖地動，廟厝倒塌，幸好無人傷亡。眾人驚魂甫定，卻不見小女孩蹤跡，才知道是媽祖化身為小女孩戲球，救了大家性命。

松山慈祐宮

藻井
松山慈祐宮 提供

　　藻井代表繁瑣華麗，井就是天花板，故稱藻井為華麗的天花板，源自漢朝末年的佛教石窟寺，由許多小塊香木榫接而成，按照周易64卦384爻，配合一年四季十二月令二十四節氣與七十二候形成的卦氣、卦候圖而來，整體結構奇巧，拼疊緊密，好像蜘蛛網一樣，是傳統建築中非常繁複的裝飾技術。

　　位於台北市的松山慈祐宮，因松山舊名「錫口」，正門匾額寫著錫口慈祐宮，創建於清乾隆十八年（公元1753年），因供奉媽祖，原名天后宮，俗稱松山媽祖，是松山的起源地。時至今日，一年一度的「松山迎媽祖」，已是台北地區規模最盛大的廟會祭典活動。

建廟沿革

　　相傳清乾隆元年（公元1736年），有一位泉州籍的行腳僧，法號衡眞，雲遊四方廣結善緣，由湄洲攜奉天上聖母分靈金身四處渡化世人，最後決定渡海來台。

　　乾隆二年（公元1736年），衡眞和尙於滬尾（今淡水）行抵錫口。當時，他認爲錫口地方背靠九曲長流，似衣帶拖藍，前堂四獸山峰，向獅伏虎，山川靈秀，是難得的福地。於是向地方士紳勸募，開始蓋建媽祖廟。

在震耳的鞭炮聲以及千里眼、順風耳的迎接下，中國大陸福建省莆田市湄洲灣的白湖廟媽祖，2004年6月12日抵達松山慈祐宮，為了迎接媽祖聖駕光臨，慈祐宮派出十輛花車前往桃園中正機場接駕，這尊有八百多年歷史的媽祖神像終於與台灣信徒見面。

　　清乾隆二十三年（公元1757年），媽祖廟完工，取名為「錫口媽祖宮」。媽祖果然庇佑附近商民，以媽祖宮為中心，向四方擴展，造就錫口街的繁榮景象，當時有「小蘇州」之稱。

　　隨著漢人移民的擴充，社會的進步，媽祖宮成為錫口十三庄住民的精神中心，亦是當地生活及文化中心。後來經過七次改建，「錫口媽祖宮」的規模越來越宏偉，期間並改名為「松山慈祐宮」。

　　以後，慈祐宮香火大盛，於是十三庄的信徒各自成立神明會，每年農曆四月，由各神明會的爐主，輪流迎接「副媽」至家中坐鎮，藉以保佑該庄當年風調雨順，平安無禍。

松山媽祖神蹟
松山慈祐宮 提供

1981年，松山慈祐宮正殿遭到祝融之災，建築物全部被燒燬，惟神龕的媽祖坐像完好無恙，甚至千里眼與順風耳都未受到任何損害，時人視為松山媽祖的靈驗所至。

後來，「媽祖過爐」的活動慶典越辦越盛大，漸漸演變成台北地區規模最盛大的「松山迎媽祖」進香活動。

第十三位婆姊的傳說

一般媽祖廟的註生娘娘均配祀十二婆姐、二十四婆姐或三十六婆姐，唯獨松山慈祐宮配祀十三位婆姐，多出一位婆姐，傳說是產婆沈玉娘，人稱杜母。她住在錫口街，幫人接生，卻從未收取費用，松山地區居民感念其義行，將她和十二位婆姐供奉在松山慈祐宮，接受香火祭祀，成為該宮的特色之一。這種供奉模式也是慈祐宮信徒對地方熱心公益人士的感謝方式。

寺廟雕刻藝術
松山慈祐宮提供

　　寺廟的雕刻景物常以隱喻方式來表達人們的心願。如以四隻蝙蝠表示賜福，以旗、球、戟、磬表示吉慶。而石雕中的獅子表威嚴、松樹表長壽、牡丹表富貴，八仙則祝壽、天官則賜福。

▌十二婆姐

　　一般媽祖廟的註生娘娘均配祀十二婆姐；十二婆姐又稱「十二延女」或「十二保母」，各抱一名嬰兒，六好六壞，以示生兒育女有賢、有不肖，均憑各人積德多少而定。其名稱如下：

1 註生婆姐—陳四娘	2 註胎婆姐—葛四娘	3 監生婆姐—阮三娘
4 抱送婆姐—曾生娘	5 守胎婆姐—林九娘	6 轉生婆姐—李大娘
7 護產婆姐—許大娘	8 註生男女婆姐—劉七娘	9 送子婆姐—馬五娘
10 安胎婆姐—林一娘	11 養生婆姐—高四娘	12 抱子婆姐—卓五娘

　　但在慈祐宮中，卻配祀了十三位，多出的一位是杜玉娘，她是一位產婆（助產士），幫人接生時，從來都不收取費用，所以錫口居民感懷她的義行，和十二婆祖一起接受香火祭祀，而成為慈祐宮的特色。

附錄：遍佈全球的著名媽祖行宮

 ## 湄洲祖廟

　　湄洲島祖廟，是中外歷史上最早的一座媽祖宮，也是世界媽祖崇信者的聖地，更是「媽祖信仰——媽祖文化」研究的發祥地。每逢農曆三月廿三媽祖誕辰日和農曆九月初九媽祖升天日，祖廟均舉行大型祭典活動，四面八方的媽祖信眾均趕赴湄洲尋根謁祖、割火過爐、祈禱平安。

　　湄洲島位於台灣海峽的西側，居福建海岸線的中部。地處著名水深、避風、不凍、不淤的天然良港湄洲灣口。它是福建省第九大島，人口近三萬。它形如虯狀，海岸線曲折，周長三十餘公里，這裡氣候溫潤，魚蝦豐美，海島景觀壯闊，美麗多姿。島北部祖廟山海拔九十五公尺，南部煙敦山海拔八十七公尺，媽祖祖廟便巍峨雄峙在祖廟山上。

　　湄洲灣屬於亞熱帶海洋性氣候。這裡四季不甚分明，冬無霜雪，夏無酷暑，溫潤怡人；波湧日出，薰風明月，海天相接，碧波萬頃；晨昏晴陰，風狂浪驚，可以盡情領略大自然的脾性。岩光水色，鷗影潮音，令人放縱胸懷享受天地間的精靈。

 ## 賢良港祖祠

　　媽祖故鄉賢良港（現莆田市山亭鄉港里村）的林氏祖祠，位於湄洲灣北岸莆禧半島南端，與湄洲島遙遙相對，祖祠內祀世祖蘊公及其以下之列祖列宗神主。前廳祀祖姑——媽祖神像。世傳這尊神像出自異人之手，神采奕奕，為其他媽祖行宮的神像所不及。由林氏後裔及鄉氏一直供奉至今。

　　祖祠前古碼頭還有兩座媽祖行宮，分別為靈慈東宮、靈慈西宮。東宮保存有一對宋代瓜楞形連礎石柱。旁有一口宋代水井，井欄石刻八卦，俗稱「八卦井」。

　　海濱山上有一座方形壘石航標塔，宋代雕刻佛像依稀可辨。傳說媽祖受符井即在祖祠旁的五帝廟後側。禮佛求嗣的觀音堂「接水亭」則在祖祠左後方約五百公尺處。

 ## 平海天后廟

　　平海天后廟建於公元999年，位於平海澳，與祖廟隔海相對。宮外左側有一方井，用一百零八塊青石砌成，井邊豎一碣，刻楷書「師泉」，係施琅手筆。門宮內右壁嵌《平海天后宮重修碑記》，左壁嵌施琅《師泉井記》碑。此廟係施琅為謝媽祖神恩（見「師泉濟師」）修葺的廟宇。

　　這座廟宇建築風格特異，至今保存完好，由於它用了一百零八根木柱，因而也稱作「百柱宮」。

聖墩順濟廟

　　聖墩順濟廟是第一座朝廷賜額的媽祖廟。聖墩位於福建涵江三江口西南岸，靠近李富故里白塘。此廟名「順濟廟」，即路允迪請旨敕封賜額而來。

白湖文峰宮

　　文峰天后宮位於福建省莆田市城廂區文獻東路，現存清建三代祠及梳妝樓。現廟中所供一尊樟木雕刻的媽祖神像，傳說為古白湖廟的原物。

涵江新宮

　　位於莆田霞今街的涵江新宮是一座極不平凡的媽祖行宮。它建於乾隆四年（公元 1739年），現宮內存有四幅天后聖跡畫軸與一幅星圖。

　　星圖為卷軸式大型畫圖，長 150 公分，寬 90 公分，於 1977 年經中國科學院考古研究所鑑定為明代作品，是一件十分重要的天文文物，由於跟航海業有密切關係而更顯珍貴。

泉州天后宮

附
錄

　　泉州天后宮是中國第一座被列為全國重點文物保護單位的媽祖廟，位於福建泉州市區天后路，建築面積約 5000 多平方公尺，廟內除了保存較完整的大殿、後殿等古建築外，近年又陸續修復了山門、戲台、鐘鼓樓、梳妝樓等處建築，是現存媽祖廟中規模較大、年代較久遠的一座，建置於宮內的閩台關係史博物館收藏有大量珍貴歷史文物和民俗文物。

　　泉州天后宮對媽祖信仰在海外的發展與傳播具有重要的意義。歷史上，媽祖信仰由於泉州人不斷向外移民和貿易活動而遠播中國大陸及台、港、澳各地，因此，泉州天后宮至今在海外仍享有極高的聲譽，許多華人都稱其為「溫陵聖廟」，每年大約有三千多個海外團體前來參觀朝聖。

吳航鎮媽祖廟

　　吳航鎮媽祖廟位在福建省永樂市，三國時為東吳主要造船和航海基地。明永樂十年（1412 年），鄭和第四次出使西洋前在太平港候風時，為酬謝媽祖保佑，奏請明成祖恩准在長樂南山塔東面的三峰塔寺旁，建造一座雄偉壯觀的「天妃宮」，作為船隊官員祈福和酬神之處。

　　清乾隆二十六年（1761 年）媽祖移祀吳航頭附近新建的「天后宮」，而把原南山天妃行宮改為「吳航書院」。1985 年為紀念鄭和下西洋開航 580 周年，而在「天后宮」和名塔「三峰塔寺」舊址上興建鄭和史蹟紀念館。長樂市內的南山公園亦改為「鄭和公園」。

永定西陂媽祖廟

　　福建省永定縣高陂鄉西陂媽祖廟，是古今中外媽祖廟中最爲獨特的一座。它造型極爲別緻，作寶塔七層，高達三十餘公尺。下三層爲四方形，土木結構，牆厚一公尺。上四層爲八角形，其中四、五層爲磚木結構，六、七層全爲木造結構。

　　這座媽祖廟用四根完整的大杉木作金柱，擎天拔地，直撐塔頂。六、七兩層中央再以大圓木爲軸心，數十根方木作輪輻狀向四面八方攤開。塔頂由景德鎮特製的五彩圓形大瓷缸疊疊而成，以八條粗鐵鍊繫牢於頂端。該廟底層爲正殿，奉祀媽祖。殿內雕樑畫棟，金壁輝煌，壁畫、石刻、雕塑均爲精巧之作。

東北・北京媽祖廟

　　中國東北的瀋陽、錦州、丹東、營口、旅順、大連等地都建有媽祖廟。山東商幫在瀋陽所建會館亦祀奉媽祖神像。瀋陽、丹東兩市建有媽祖廟的那條路即名「天后街」。

　　北京有三個比較著名的天后祭祀；其一「京都天后宮」建於明永樂十九年（1421年）遷都北京以後。其二是賈家胡同的「莆陽會館」；另外一個媽祖祭祀在「木商公會會館」，該廟建築華麗，藻井雕刻尤爲精美。

天津天后宮

　　位於天津舊城東門外海河三岔河口西岸、古文化街正中的天津天后宮，俗稱「娘娘宮」，是天津市現存最早的一處古建築群，也是天津城市形成和發展的搖籃，因此曾有「先有娘娘宮，後有天津衛」的說法。

　　天津天后宮曾於1954年、1982年先後被天津市列爲重點保護單位，1985年又以其天津民俗文化發祥地之地位成爲天津民俗博物館的所在地，除保留天后宮復原陳列外，還陸續開闢了有關漕運、民間生活、民俗藝術及民間信仰等展覽活動，並興建了長69公尺的「天后碑廊」，描繪出一幅幅極具地域文化的歷史風俗畫卷；再加上每年春天舉辦的「天津皇會」及「媽祖文化旅遊節」，使天津天后宮成爲中外人士觀光遊覽的勝地。

蓬萊天后宮

　　山東蓬萊閣海神媽祖廟在蓬萊濱海的丹崖之上，是「蓬萊仙境」重要景觀之一。內尚存「福」、「壽」兩石碑，相傳爲五代時仙人陳博手書。

煙台媽祖廟

　　煙台媽祖廟即山東登州天后行宮，原爲福建會館。動工於清光緒十年（1884年），歷時

媽祖的故事

21年才告竣工，現爲煙台博物館。建廟時所用的木石構件均由泉州海運至煙台組裝，因而成爲中國北方最具閩南風格的古建築。其結構典雅，雕飾精美，華麗壯觀，堪稱「魯東第一工程」。

廟島顯應宮

中國北方建造最早、影響最大的媽祖廟，建於北宋宣和四年（1122年），經元、明、清幾朝皇帝的冊封，一度被稱爲「天下第一娘娘廟」而揚名於世，廟島也因此在長山列島中獨領風騷，成爲南北島嶼之間的文化交流中心，歷時八百多年之久，故長山列島現在亦稱廟島列島。

顯應宮在文革時曾遭破壞，1983年在中國官方的重視下得以修復。它座落在山東長山列島中廟島的北部，南北傍山，東西臨海，四周有諸島環衛，整組建築群包括前、中、後殿和戲樓等，佔地九十畝。

此廟除奉祀一尊銅鑄媽祖像，陳列樽、爵、鼎、盤等古代祭器外，大殿東側還建有中國第一個航海博物館，保存各朝代海船模型三百多條，爲研究中國航海史提供了珍貴的實物資料。這裡是北宋時廣東、福建、浙江南船北上聚泊的地方，也是元代漕運的重要轉運碼頭。數百年來，每逢農曆七月初七，粵、閩、浙等省海船，都匯聚廟島舉行「盂蘭盆」會，人潮如湧。

2003年8月，顯應宮舉行了福建湄洲祖廟媽祖和台灣北港朝天宮媽祖移駕安奉儀式，盛況一時。

南京、上海與蘇州媽祖廟

明太祖朱元璋定都南京後，即命修建二座媽祖廟，一在東門外上新河北岸，一在安德門外大勝關。永樂五年（1407年），鄭和首次下西洋返回後，奏海上獲天妃祐助，奉旨敕建新宮於儀鳳門外龍江上，如今這地方依然名爲「天后路」。新宮建成，賜額「弘仁普濟天后之宮」。

上海東門外媽祖廟原名「順濟聖妃廟」，創建於宋咸淳七年（1271年），跨越一朝，竣工於元至元二十七年（1290年），這時已是上海置縣之年了。此外，福建各商館、興安會館以及潮惠會館、上海商船會館等，皆崇祀媽祖，爲的是祈保江海航行平安順利。

蘇州媽祖廟建於宋。元更蘇州爲平江，設置漕運萬戶府。每年春夏二季漕糧起運時，都由皇帝函香降祭。今原址爲蘇州三十八中學，唯剩原宮中之宋代古樟樹依舊鬱鬱蔥蔥。

浙江媽祖廟

南宋都城杭州最早一座媽祖廟建於紹興年間（1131-1162年），位於艮山門外，名「順濟聖妃廟」。嘉熙元年（1231年）大潮沖毀錢塘江堤岸多次，傳說最後是媽祖顯靈，潮水才得以退去，大堤於是修復。皇帝爲此特賜封號，並有莆田人丁伯桂撰有《順濟聖廟記》以誌其事。元代，艮山媽祖廟亦爲歲祭之一。另外，杭州城內還有一座建於明代的媽祖廟和一座興安會館亦祀天后。

寧波媽祖廟名「靈慈廟」，創於宋紹興二年（1192年）；此外，紹興、慶元、台州、永嘉、溫州、海寧舟山群島等均有媽祖分廟，其中海寧便有十處。

芷江天后宮

芷江天后宮是中國內陸地區最大的媽祖廟，位於湖南芷江侗族自治縣境內，建於清乾隆十三年（1748年），屬於湖南省文物保護單位。整座媽祖廟融合古代建築、浮雕藝術於一身，具有極高的觀賞價值，其後殿的石坊上刻有五十幅浮雕，栩栩如生，雕刻技藝精湛，有「江南第一坊」之稱。

由於一百三十餘年未曾大修，歷史風雨的剝蝕和人為的因素，使木質結構的天后宮木柱、橫坊、板牆等損毀嚴重，因此，自1999年起，芷江侗族自治縣開始對其進行維修，經過三年的努力，2002年該天后宮已重新對外開放。

廣東媽祖廟

宋代對外通商四大港口之一的廣州媽祖行宮，名稱「崇福無極夫人廟」。民國之初，孫中山先生於廣州組織軍政府，曾偕梁啟超到該廟遊覽，梁啟超題一聯云：
「向四海顯神通，千秋不朽。
歷數朝受封典，萬古流芳。」

深圳有兩處媽祖行宮均在赤灣。一為明建，一為宋建。明建媽祖廟係明永樂年間（1403-1424年）因太監張源奉使國外由此出海而建。宋建媽祖廟則因一段古今故事而得名。

傳說宋末代小皇帝趙昺由陸秀夫背負跳海而死，屍體漂流至赤灣海濱，正當人們商議如何埋葬時，媽祖廟內一根大樑突然墜下，人們便將這根大樑做成棺木，葬少帝於南山上。這事發生在公元1279年。七百零三年後，1982年深圳特區開闢赤灣公路，發現了這座宋少帝陵。

此外，番禺、澄邁、東莞、中山、海陽、汕頭、澄海、順德等縣及南海諸島，都建有媽祖廟。其中香山媽祖廟的所在地即名媽祖角。汕頭海域中建有三座媽祖廟的島嶼亦名「媽嶼島」。

澳門媽祖閣

作為世界唯一以媽祖命名的城市，澳門早在1488年就在內港建起了第一座媽祖閣，並從此香火旺盛，終年不斷，為澳門八景之一「媽閣紫煙」。每年春節和農曆娘媽生辰日，是媽祖閣香火最鼎盛的時候。除夕午夜開始，不少善男信女紛紛到來拜神祈福，廟宇內外，一片熱鬧，誕期前後，廟前空地會搭蓋一大棚作為臨時舞台，上演神功戲。

媽
祖
的
故
事

澳門天后宮

　　澳門天后宮於2003年新落成，耗資數億，座落在澳門路環島的疊石塘山上，佔地近七千平方公尺，是澳門迄今規模最大的廟宇。整座建築群以媽祖文化村規劃，按照閩南古建築風格設計建造，並參照福建、台灣等地媽祖廟的傳統規制佈局，宮前有長達60餘公尺的階梯，厚實華麗的牌坊式山門、漢白玉圍起的祭壇和由迴廊連爲一體的大殿、梳妝樓、鐘樓和鼓樓等。

　　澳門媽祖文化村並與旅遊局、文化局等單位舉辦「媽祖文化旅遊節」，其精心規劃的各種活動內容，不但將博大精深、豐富多彩的中華文化透過媽祖向世界展現，更營造和提升澳門多姿多彩、色彩斑斕、內涵深厚的旅遊文化，並以媽祖精神作紐帶，推動兩岸民間的良性互動，促進彼此的友誼交往和發展合作。

香港北堂天后廟

　　北佛堂門天后古廟，俗稱「大廟」。始建於南宋咸淳二年（公元1266年），爲香港最早興建的天后宮，廟宇建於田下山下，宏偉莊嚴，環境清幽。「大廟」的體制，爲全港天后廟之冠，香港人因此稱爲「大廟」。

　　「大廟」文物極爲豐富，在正殿左右兩側有舊時漁民酬謝神恩敬奉的古船模型兩艘，爲香港少數供有古船模型的天后古廟，值得一看。香港的天后廟很多都設有一張「龍床」，而大廟的龍床則佈置得十分輝煌，很多信徒到廟裏上香時，都會到這張「龍床」之前，伸手到羅帳內去，摸索一番，這種行動叫做「摸龍床」。

香港廟街天后古廟

　　早在九龍割讓給英國時，油麻地已有小型天后廟。現有的天后廟建於1875年，位於眾坊街、上海街及廟街交界。天后廟廟宇一連五座，由南至北分別爲書院、音樓社壇、天后廟觀、城隍廟及觀音樓。無論廟內或建築物頂部仍然保留大量文物，亦爲香港最著名的天后廟之一。

銅鑼灣天后古廟

　　銅鑼灣天后廟約於十八世紀由廣東客家戴氏家族所建，相傳銅鑼灣天后廟享有「鯉魚吐珠」穴風水，故香火一直很旺，至今仍由戴氏後人管理。

　　銅鑼灣天后廟在港島頗具影響，附近的地鐵站稱爲「天后站」，廟旁的街道稱爲「天后廟道」，另廟前的公園稱爲「天后公園」。銅鑼灣天后廟每逢天后聖誕前夕皆舉辦「太平清醮」，祈求風調雨順，闔境平安，爲香港少數舉辦「太平清醮」賀誕的天后廟。

香港朝天宮

　　位於九龍元州街302號三樓的香港朝天宮，相傳始建於清光緒年間，是長沙灣居民的精神歸依。以前稱做「天后宮」，長沙灣居民習慣稱它為「天后廟」，廟中科儀則慎重的稱呼「香港九龍長沙灣朝天宮」。

　　香港朝天宮三媽的過爐儀式非常隆重，屬長沙灣一年一度的大事。過爐當日，新爐主需準備儀仗、鑾駕到舊年爐主家奉請三媽回朝天宮，舉行刈火儀式。最後進行繞境，由朝天宮遶境到新爐主家，途經路線是三媽降乩指示，而新爐主所處的村莊，會舉行盛大慶典。

元朗十八鄉天后古廟

　　元朗十八鄉大樹下天后古廟位於十八鄉大旗嶺，已有三百多年歷史，歷來香火鼎盛。該廟每年農曆三月二十三日天后聖誕皆舉辦廟會，最特別的「搶花炮」已經成為香港一個很有特色的宗教活動，每年天后寶誕在元朗遶境，進香人數無法估計，花炮會每位善男信女手執一支香旗，途中舞龍舞獅，隨「花炮」一起到元朗十八鄉大樹下天后古廟進香，近年更成為香港旅遊重點。

筲箕灣天后古廟

　　筲箕灣天后古廟始建於清道光廿五年（公元1845年），供奉的媽祖神像是由佛山名家所塑，故特別莊嚴美麗，被公認為香港最美麗的天后娘娘。

澎湖天后宮

　　位於馬公市區中央里的澎湖天后宮是台灣最早的媽祖廟，列名國家一級古蹟。廟體出自唐山名匠之手，有深具藝術造詣的各類雕塑，寺中並典藏有現存台灣最早的碑跡——沈有容諭退紅毛番韋麻郎等碑，現陳列於清風閣文物館中供民眾參觀，另有清乾隆皇帝御賜題「與天同功」的金匾可供憑弔，俱為珍貴的歷史文物。

　　每年媽祖誕辰，澎湖天后宮都要舉辦大規模的「媽祖海上遶境」活動，借以祈求風調雨順，闔家平安。

寺廟地址
澎湖縣馬公市中央里正義街1號

南方澳南天宮

　　南方澳臨太平洋，是一個極佳的天然漁港。公元1946年居民因感念媽祖顯靈相救遂籌建南天宮媽祖廟，經過十年的建設始全廟落成。

南天宮採閩南式宮殿造型，是南方澳居民信仰生活的中心。該廟於1990年打造了全台第一尊金身媽祖神像，吸引許多人來此朝拜，香火鼎盛。二樓則供奉五公噸重的金玉媽祖神像。

據說，當南天宮的香客看到金媽祖在對你微笑時，所許下的願望會成真，想要看到不威不嚴的媽祖微笑，只要眼盯媽祖的臉龐，沿著她身旁繞一圈，在某個角度下，你會看到媽祖的嘴角微微向上。心細的人，會發現供奉金玉媽祖的神桌上有二、三盤糖果盤，一天可供應五百斤，別忘了在拜完後各取一顆，就成了金玉滿「糖」，非常值得朝拜探奇。

寺廟地址
宜蘭縣蘇澳鎮南方澳江夏路17號

 # 台北天后宮

台北天后宮原為艋舺新興宮，創建於乾隆十一年（1746年），由郊商捐建。原於今長沙街二段與貴陽街二段的西園路一段，這西園路一段清朝原名「新興宮口街」；1943年（昭和十八）因西園路拓寬，所以遭到拆除，神像寄於龍山寺。

至1948年信徒將暫時寄人籬下的天上聖母神像從龍山寺迎接出來，改供奉在成都路北側西寧南路交叉口的「弘法寺」，「弘法寺」原先是日治時期日本人所設的佛寺，戰後失火燒燬後，新興宮就弘法寺的正殿改建更名為「台灣省天后宮」，不久又改稱「台北天后宮」。因坐落於台北繁葉的西門町區域內的核心地帶，所以有台灣地價最昂貴的廟宇之稱。

台北天后宮為弘揚媽祖精神，每年冬季都舉辦貧戶救濟，附近商民多踴躍輪捐支持，造福地方不少。廟內經年燃點信徒供奉的巨大蠟燭，是該廟的特色。

寺廟地址
台北市成都路51號

 # 松山慈祐宮

松山慈祐宮創建於清乾隆十八年（公元1753年），迄今已滿二百五十週年，是台北市大松山地區十三街庄居民的信仰中心，香火鼎盛，且因緊臨台北市著名的饒河街觀光夜市，入夜以後，人潮洶湧，中外香客、遊客絡繹不絕。

松山慈祐宮歷年來雖經多次整修改建，但廟內尚保有部份當年建廟時之古物，且整體建築古色古香，頗為壯觀。廟方並秉持媽祖的慈悲，關心街庄居民的生活，每年配合相關單位，辦理各種嘉惠社會的公益活動，一年一度的「松山迎媽祖」，更是台北地區規模最盛大的廟會祭典活動。

寺廟地址
台北市松山區八德路四段692號

士林慈誠宮

　　士林慈誠宮為國家三級古蹟，位於士林夜市旁。原址創建於清嘉慶元年（1796年）由業主何錦堂獻地所建，在今士林美國學校附近，時稱天后宮。咸豐九年（1859年）因漳泉移民械鬥，當時市集芝蘭街遭焚，天后宮無以倖免，遂遷址至現址台北士林菜市場旁，至民國十六年重修。

　　該廟遷廟時泥塑一尊媽祖聖像，至今雖歷百餘年，毫無損壞。廟對面建有戲台接連市場。每至慶典酬神，香客如堵，水洩不通，盛況一時。

寺廟地址
台北市士林區大南路 84 號

北投關渡宮

　　北投關渡宮於清順治十八年（1661年）由開山石興和尚以茅草立廟，迄今已有三百四十餘年歷史，為臺灣北部最早之媽祖廟，與鹿港「天后宮」、北港「朝天宮」齊名。

　　該宮位於淡水河、基隆河匯流之濱，依山傍水，前有紅樹林及水鳥保護區，可供休閒賞鳥，宮後靈山設有公園，公園內假山流水花木扶疏，遨遊其中悠然自得，由公園遠眺關渡大橋、淡水河出海口，天然美景讓人心曠神怡。

寺廟地址
臺北市北投區知行路三六〇號

竹南龍鳳宮

　　竹南后厝龍鳳宮創建於清道光十六年（1836年），相傳明永曆年間，隨鄭成功來臺之一名武將，奉湄洲天上聖母神像到竹南海濱建小廟開始奉祀，後來媽祖聖靈於香爐前顯靈，指示居民遷往內地（後厝仔）以避災難，后厝陳姓墾主，有感於媽祖之神威，獻出大丘園作為廟地，地方士紳亦籌資興建媽祖宮殿，以供居民永久奉祀，並正式命名「龍鳳宮」。

　　龍鳳宮後殿建有一巨型 136 尺高的媽祖聖像，內部中空分十二層，除二樓為聖母神殿外，其餘各樓層為診療所、圖書館、美術館、音樂館等供當地民眾利用。

　　宮內一口「龍泉井」，與廟同齡，井水清冽不絕，相傳可治癒惡疾，因此頗具盛名。

寺廟地址
苗栗縣竹南鎮龍鳳里龍山路 42 號

彰化南瑤宮

　　南瑤宮創建於清乾隆三年（1738年），因初建於彰化城南門外磚瑤內而得名，歷來因香火鼎盛而分別於道光、明治以及民國年間逐次擴建、修築，雖無統一的風格，但卻各具特色。有傳統木作之正殿，也有西洋式之觀音佛祖殿及現代水泥建築之凌霄寶殿，中西合璧，

跨越了時空的距離，爲台灣少見的寺廟形式。

　　寺廟地址
　　彰化市南瑤路43號

鹿港天后宮

　　鹿港天后宮（舊祖宮），建於明永曆元年（1647年），廟宇莊嚴，壁畫、詩題、石刻均精細雅緻，堪爲寶島工藝寶庫。天后宮所奉聖像尊稱「湄洲媽」。相傳原祀奉賢良港祖祠，係湄洲祖廟六尊開基媽之一。清康熙二十二年（1683年）福建水師提督施琅由福建恭請護軍迎至台灣。廟內「神昭海表」、「佑濟昭靈」匾額，均爲乾隆御筆敕賜，其餘文物亦多富歷史藝術價值。該廟設有媽祖文物館妥善保存，並予展覽。由於由鹿港天后宮分靈分香出去的媽祖宮廟有二仟餘座，信徒遍佈於台灣各角落，終年香客絡繹不絕，每逢農曆一月至三月間的進香旺季，更是人潮洶湧，水洩不通。

　　寺廟地址
　　彰化縣鹿港鎮中山路430號

鹿港新祖宮

　　新祖宮創建於乾隆五十三年，爲全省唯一公幣敕建之媽祖廟，且爲欽定朔望，百官參拜之宮廟，地位尊崇。採宮殿式建築，規格完備且氣象巍峨。廟埕石碑併立，詳載大將軍福康安平定林爽文叛變之事蹟，是研究台灣史蹟珍貴之文物。史物昭彰，發人省思。官服裝扮之金、柳將軍則威儀十足，蔚爲特色。

　　寺廟地址
　　彰化縣鹿港鎮埔頭街96號。

鹿港興安宮

　　興安宮始建於康熙二十三年，爲鹿港最早的媽祖廟，全廟沒有柱子亦無廂房，殿宇簡樸而有古色。

　　寺廟地址
　　彰化縣鹿港鎮中山路89號

麥寮拱範宮

　　麥寮拱範宮原由湄洲純眞老禪師在清康熙二十四年（1685年）由湄洲祖廟分靈來台建

廟祭祀。乾隆七年（1742年）因水患重建於現址。廟名「拱範」，意祈拱衛範圍內合境平安。每年春臨，該廟正西方海面必有虹光出現。遙伸遠方，色彩絢麗，盈含無限靈氣。此一奇景，相傳爲湄洲祖廟與該廟靈氣交會互映之莊穆景色。

寺廟地址
雲林縣麥寮鄉麥豐村中正路3號

北港朝天宮

北港朝天宮是台灣香火最盛、創廟較早的分靈之一。清康熙三十三年（1694年）樹璧和尚由湄洲奉請媽祖神像來台創立。

該廟年中各次慶典，進香徒眾每年累計四百萬人次以上。尤以農曆年節至媽祖聖誕期間最盛。全台灣進香團體在這段時期乘車徒步來謁者至少二千隊以上。每隊少則數百人，多則成千上萬。及媽祖興隊出巡之日，香客接踵摩肩、水洩不通。興駕所經，炮竹硝煙，對街不辨面目，地面殘屑盈尺，淹沒腳踝，盛況至爲浩大。

爲媽祖精神之弘揚，該廟對社會公益慈善工作向來努力。除一般施醫救難、文教藝術體育活動之舉辦外，並斥資在北港籌造了佔地三十公頃的媽祖醫院。

寺廟地址
雲林縣北港鎮中山路178號

新港奉天宮

明天啓十二年（1622年）船戶劉定國自湄洲祖廟分靈到達台灣，清康熙三十九年（1700年）笨港附近信徒祀奉聖像建立了「笨港天后宮」。後來由於溪川改道，該廟毀於嘉慶四年（1799年）。及嘉慶十六年（1811年）後信徒另建廟宇，稱爲「奉天宮」。

宮內正殿主祀天上聖母，後殿供奉觀世音菩薩，配祀土地公和註生娘娘，並有全省知名的虎爺供奉中心。奉天宮內設有歷史文物資料室，可供遊客參觀。每年農曆三月廿三日爲媽祖誕辰，大甲媽祖遶境活動，萬人空巷，是新港鄉年度重要節慶活動。

寺廟地址
嘉義縣新港鄉大興村新民路53號

苗栗拱天宮

拱天宮位於通霄鎮最早由大陸先民開發的白沙屯，具有悠久的文化背景與豐碩的文化資源。其廟座西朝東，距海不到二百公尺。早年先民跨海來台，爲祈求海上平安，奉請一尊軟身媽祖供於民家，清咸豐晚期，開始集資籌建拱天宮，於同治二年落成。後歷經幾次修葺擴建，今日廟宇全殿爲兩殿兩廂式建築，廟殿雕飾精緻華麗。

白沙屯子民昔日討海爲生的艱苦與危險，全依賴著媽祖的慈悲靈佑及精神護持，因此孕育了本地子民對媽祖的深厚情感。每年拱天宮媽祖往北港進香，白沙屯人堅持步行朝訪，

以簡單的四人輕便轎肩乘媽祖，一路越跨大安溪、大甲溪、大肚溪及濁水溪等，年年往返近四百公里。這項傳統至今已有一百七十年以上未曾中斷。

白沙屯進香的特色為一切重要事務均以媽祖旨意為依歸，且進香旅程並沒有排定行程表，也沒有固定的歇駕停息地點，途中該走哪一條路、或該在何處停息，都是依照媽祖鑾轎的踩轎而定。近年拱天宮更舉辦一系列的白沙屯媽祖文化藝術節，成為發揚台灣媽祖文化的生力軍。

寺廟地址
苗栗縣通霄鎮白東里二鄰八號

大甲鎮瀾宮

鎮瀾宮為台灣鎮赫赫有名的廟宇，是大甲地方的信仰中心，建廟已有200多年歷史，因信徒眾多、香火旺盛，廟體一再整修重建，呈現出今昔交錯、華麗與古樸雜揉的瑰麗面貌。

廟內有多件古物流傳至今，例如乾隆時期的「護國庇民」、「佑濟昭靈」古匾，光緒帝賜的「與天同功」古匾，以及「誠求立應」、「慈光普照」等，都是自清朝保留至今的古物。而歷年來信眾感謝媽祖所獻上的上百萬面的金牌鎔鑄雕刻成一尊高四尺二，重達七千兩百六十兩的「金媽祖」，鎮瀾宮特地將地下室闢建為媽祖博物館，將「金媽祖」安座於此，左殿和右殿則分別由漢白玉和木雕打造的媽祖莊嚴聖像坐鎮，四周牆壁也以石雕呈現媽祖的生平事蹟。

鎮瀾宮平時已是香火鼎盛，到了農曆三月媽祖遶境時，更是人山人海，吸引了海內外眾多信徒，每年舉辦的「大甲媽祖遶境進香」已成為世界三大宗教活動之一。位於不遠處的鎮瀾宮文化大樓，是仿紫禁城所建，內設圖書館、演藝廳、展示廳、湄洲媽祖文物館、遶境進香文物館等，對媽祖文化的傳承貢獻頗大。

寺廟地址
台中縣大甲鎮順天路58號

台中萬和宮

萬和宮擁有台灣廟宇的一貫特色，複雜細緻的雕工，從清雍正五年竣工完成，歷經多次的整修、外牆油漆、屋頂黏剪，使得廟宇煥然一新。

萬和宮為三殿式建築，有左右廂房、正殿聖母殿，主祀媽祖，後殿祀觀音，後殿東廂主祀關帝君，西廂則祀神農氏。後殿廂房有一百年的神轎，做工細緻、金碧輝煌，清光緒五年的古鼎、道光二十年的古鐘錯置在石階旁，幽靜之意油然而生。每年春天萬和宮舉辦的「字姓戲」傳統活動，是全台獨一無二的媽祖慶典。

寺廟地址
臺中市南屯區南屯里萬和路一段51號

台中樂成宮

樂成宮俗稱旱溪媽祖廟，位於臺中市東側大里溪支流，由於清乾隆時期，林大發的祖先由湄州奉請媽祖香火來台，行至旱溪，媽祖自擇地安身，於是庄民建廟奉祀，至今已有兩百餘年的歷史，為國家第三級古蹟。

該廟「旱溪媽祖遶境十八庄」的活動，歷史相當悠久。相傳在清朝道光初年，「大屯區」部分地區稻作，發生烏龜病蟲害，蔓延情形十分嚴重，當地農民深以為苦，遂前往樂成宮恭迎「旱溪媽」前往遶境，於農曆三月初一自烏日下哩仔下開始出巡，忽然，烏雲密佈，天降滂沱大雨，烏龜蟲立即被掃滅殆盡，接著一庄又一庄神到蟲除，農民重獲生機。至今每年三月，旱溪媽祖仍維持著前往十八庄遶境的傳統。

寺廟地址
臺中市東區旱溪里旱溪街 48 號

 # 台南開台天后宮

安平天后宮目前的建築是公元 1975 年竣工，但一點也不能遮掩這座分祀的重要地位。

該廟即原台灣歷史最悠久聖廟之一的鳳山縣轄安平鎮渡口天妃宮。相傳供奉之神像係鄭成功驅荷時由湄洲奉迎隨艦護軍來台。建廟於清康熙七年（1668 年）；光緒二十一年（1895 年）中日甲午戰役，清廷戰敗，割棄台澎。日軍進佔時，清軍兵勇五十餘人在舊宮內慘遭屠殺。信徒以血光污穢聖地，乃遷祀神像寄奉他廟，直至新址建成才再遷回。

同樣位於安平地區的還有佔地 2 公頃的「林默娘公園」，是港濱新的一處賞景空間，主角媽祖雕像高 16 公尺，石材為花崗石，基座高 4 公尺，由奇美文化基金會捐贈，作為觀光漁港的新地標。

寺廟地址
台南市安平區國勝路 33 號

 # 台南大天后宮

台南大天后宮又稱大媽祖廟。清康熙二十四年（1685 年）敕建宮廟，以明永曆十八年（1664 年）朱術桂寧靖王府改建而成。建築巍峨壯觀，高大雄偉，一派帝王殿堂氣象。長廊壁間有石碑高達丈餘，寬有四尺，為將軍施琅奏請康熙皇帝改建該廟時所立。其奉祀神像之宏偉異常，聖容肅穆令人景仰，是台灣極富歷史藝術價值之主要分廟。

寺廟地址
台南市中區民族路二段 375 號

 # 台南開基天后宮

開基天后宮俗稱「小媽祖廟」，是相對於一級古蹟明寧靖王府改建的「大媽祖廟」（大

媽
祖
的
故
事

天后宮）而有的稱呼。這是府城最早的媽祖廟，因此以「開基」來冠稱，創於明永曆年間。台灣光復前，一度遭盟軍轟炸，嚴重毀壞。現貌是民國三十七年重新修復。

寺廟地址
台南市北區自強街12號

台南鹿耳門天后宮

古鹿耳門天后宮已因河川改道沖毀，今鹿耳門天后宮建築依照古制，於1977年擴建成如今規模。其建築巍峨壯觀，莊嚴肅穆。廟內供奉的「鹿耳門媽」，面容慈祥莊嚴，刻工精美，是以大陸稀有的千年萱芝木材──紫檀木雕刻而成。由於鹿耳門是三百多年前鄭成功登陸時，最先進入的港道，在當時鹿耳門是一條可供船隻航行的航道，後來台江內海淤積，變成陸地，鹿耳門港道就變成只剩一條細長的鹿耳門溪。

在這裡可以看到自古聞名「鹿耳夕照」及位於出海口的「四草保護區──溼地保護區」等自然景觀，還有為紀念鄭成功在此登陸而設立的「鄭成功紀念公園」；鹿耳門天后宮內更設置有「鄭成功文物館」收藏許多珍貴的文物，每年鹿耳門天后宮文化季所舉辦的各種藝文活動已成為台灣最具人文氣息的媽祖文化活動之一。

寺廟地址
台南市安南區 （媽祖宮）顯草街三段1巷236號

台南正統鹿耳門聖母廟

原鹿耳門媽祖廟約創建於明鄭年間，但清同治十年（1871年）被洪水沖毀，部份神像移祀至內海安宮，並在水仙宮寄普，後來一艘五府千歲王船漂流至此，1913年信徒城北里建保安宮，1921年請回寄祀在水仙宮的媽祖神像，並奉祀於保安宮，民國49年（1960年）改名為聖母廟，後歷經九年改建為大廟，至此成為著名的觀光廟宇，有「遠東第一大媽祖廟」之譽。

每年舉辦的國際煙火大賽亦成為台灣頗具特色的媽祖慶典之一。

寺廟地址
台南市安南區城安路160號

高雄旗後天后宮

有「高雄市第一媽祖廟」之稱的旗後天后宮，是高雄市「祠廟」類中唯一列入文化資產保護的廟宇，堪稱是高雄市媽祖廟的「廟祖」。該廟創建於清康熙12年(1673年)，因福建漁民徐阿華等六姓一起赴旗後開拓新天地，隨身迎奉湄洲媽祖來台，搭草寮奉祀，稱「媽祖宮」，就是旗津天后宮的前身，後經多次整建，至今已有三百餘年的歷史。

由於旗後天后宮自古以來極為旗津港口出入者必來膜拜祈安之處，因此常在廟口立碑示諭眾曉，故有咸豐九年（1859年）的「船戶公約」，與同治六年（1867年）的「嚴禁汛口

私抽勒索碑記」，都是難得一見的古文物。

寺廟地址
高雄市旗津區廟前路86號

馬來西亞馬六甲青雲亭

　　青雲亭是馬來西亞最古老的中國廟宇之一，對於馬來西亞逾百年來的佛教弘揚影響深遠。它座落於馬六甲市西南，始建於1645年，後經重新裝修，成為一座用馬來西亞楠木建造的木結構廟宇。

　　青雲亭正殿供奉觀音大士，左為關帝神位，右為天上聖母；媽祖殿上有清乾隆年間立的「海國安瀾」匾額與創建該亭的石碑。整座建築是優美的中國式建築典範，廟內飛簷畫棟精美絕倫，裝飾屋頂、屋脊和屋簷的中國神話人物、鳥獸、花卉，全是用彩色琉璃瓦燒成。廟堂內陳設的木雕和漆器，全都是中國運去的精品。廟內有一塊石碑，上面刻有鄭和訪問馬六甲的事跡。廟門口有一對金色的獅子，只是其頭部金漆全部脫落，原來信徒們走過金獅時，都要摸摸它的頭，希望帶來好運，久而久之，金獅便成了「光頭獅」。

新加坡天福宮

　　天福宮建於1841年，此地原為一片水澤，由一群感恩的漁民合資興建，取名天福宮，喻指「上天賜福之廟」之意。天福宮的正殿主祀天后媽祖，配祀其他許多傳統的中國神明。宮內保存的碑銘——《建立天福宮碑記》和《重修天福宮碑記》等許多匾額，都是研究新加坡、馬來西亞華人歷史的珍貴資料。它在1973年被列為國家保護之古蹟。

　　在正殿最高處的匾額「波靖南溟」四個字，出自清朝光緒皇帝之御毫，光緒的真跡已在翻新期間被發覺藏在上端的長行圓筒內，其真跡已轉送給新加坡之歷史博物館收藏。

　　稱這座廟宇為國際性建築，實不為過，因為其建材包羅萬象，包括來自蘇格蘭的鐵器、荷蘭台夫特的陶器、英國磁磚和群龍纏繞的花崗岩石柱，極為講究。

　　寺廟正門有莊嚴威武的門神和巨型石獅作鎮，庭院一角則另有新加坡拓荒者的牌位，供人敬仰。天福宮在1906年及1976年進行兩次大修復的工程。第三次的大整修則耗時兩年半，工程2001年正月完成。修復後的天福宮制訂條例，信徒只能於指定香爐上香，禁止焚燒金紙。

法國巴黎真一堂

　　法國巴黎真一堂由法人謝鮑爾博士創建，稱媽祖為「國際和平女神」，堂內所供奉之天上聖母係分靈自台灣北港朝天宮，近來已獲法國政府立案，每年媽祖聖誕必隔洋遙祭北港朝天宮。

媽祖的故事

日本長崎媽祖堂

　　日本長崎市有三大唐寺——南京寺、漳州寺和福州寺，均奉祀天后媽祖。

　　日本的媽祖廟堂最大特點是由商人「商會」先建媽祖堂，然後把它拓建爲佛祖和媽祖合祀的寺廟，奉祀媽祖在寺廟中其目的在於祈求生意興隆、海上平安。

　　另外，在東京、大阪、神戶、岐阜、水戶、青森、沖繩、鹿兒島等地都有媽祖分靈的祭祀。

國家圖書館出版品預行編目資料

媽祖的故事／黃晨淳 編著；—— 初版.—— 臺中市：好
讀，2005〔民94〕
　　面：　　公分，——（新視界；8）
　　彩圖精緻版
　　1.

　　ISBN957-455-849-5（平裝）

272.71　　　　　　　　　　　　　　　94006460

新視界08

媽祖的故事

編　　著／黃晨淳
總 編 輯／鄧茵茵
文字編輯／葉孟慈
美術編輯／賴怡君
發行所／好讀出版有限公司
台中市407西屯區何厝里19鄰大有街13號
TEL:04-23157795　FAX:04-23144188
http://howdo.morningstar.com.tw
e-mail:howdo@morningstar.com.tw

法律顧問／甘龍強律師
印製／知文企業（股）公司　TEL:04-23581803
初版／西元2005年5月15日

總經銷／知己圖書股份有限公司
http://www.morningstar.com.tw
e-mail:itmt@morningstar.com.tw
郵政劃撥／15060393
台北公司：台北市106羅斯福路二段79號4樓之9
TEL:02-23672044　FAX:02-23635741
台中公司：台中市407工業區30路1號
TEL:04-23595820　FAX:04-23597123

定價：350元

更方便的購書方式：

(1)信用卡訂購　填妥「信用卡訂購單」，傳眞或郵寄至本公司。

(2)郵 政 劃 撥　帳戶：知己圖書股份有限公司 帳號：15060393
　　　　　　　　在通信欄中填明叢書編號、書名及數量即可。

(3)通 信 訂 購　填妥訂購人姓名、地址及購買明細資料，連同支
　　　　　　　　票或匯票寄至本社。

◉單本以上 9 折優待，5 本以上 85 折優待，10 本以上 8 折優待。

◉訂購 3 本以下如需掛號請另付掛號費 30 元。

◉服務專線：(04)23595819-232　FAX：(04)23597123

◉網　　　址：http://www.morningstar.com.tw